农产品流通链成本控制与质量管理研究

杨头平　著

中国财经出版传媒集团
经济科学出版社
Economic Science Press

图书在版编目（CIP）数据

农产品流通链成本控制与质量管理研究／杨头平著．—北京：经济科学出版社，2017.12

ISBN 978－7－5141－8783－0

Ⅰ．①农…　Ⅱ．①杨…　Ⅲ．①农产品流通－研究－中国　Ⅳ．①F724.72

中国版本图书馆 CIP 数据核字（2017）第 307318 号

责任编辑：白留杰　刘殿和
责任校对：靳玉环
责任印制：李　鹏

农产品流通链成本控制与质量管理研究
杨头平　著
经济科学出版社出版、发行　新华书店经销
社址：北京市海淀区阜成路甲 28 号　邮编：100142
教材分社电话：010－88191355　发行部电话：010－88191522
网址：www.esp.com.cn
电子邮箱：esp@esp.com.cn
天猫网店：经济科学出版社旗舰店
网址：http：//jjkxcbs.tmall.com
北京密兴印刷有限公司印装
710×1000　16 开　13 印张　180000 字
2017 年 12 月第 1 版　2017 年 12 月第 1 次印刷
ISBN 978－7－5141－8783－0　定价：46.00 元
（图书出现印装问题，本社负责调换。电话：010－88191510）

前　　言

在中共中央大力推进社会主义新农村建设和打赢农村扶贫攻坚战，到2020年全面脱贫以及全面建成小康社会的新形势下，促进农民收入持续增长将是近阶段农业和农村经济发展的中心任务。然而，近年来有学者甚至提出由于农产品价格上涨过快，我国农产品市场出现了“两头叫、中间笑”的怪现象，即农民抱怨赚不到钱，消费者声称农产品价格太高，是什么原因导致的呢？流通成本过高是重要原因吗？与此同时，“民以食为天，食以安为先”，农产品，既是食品的组成部分，也是食品生产的主要原料来源，近年来频发的食品质量安全事故不断地在打击消费者对我国食品质量安全信心的同时，也显示问题大多源自农产品的生产与流通环节。为此，本书在实地调查和借鉴并吸收前人相关研究成果的基础上，采用实际调查、案例分析、对比分析、模拟分析、DEMATEL分析等研究方法，就农产品流通链成本控制与质量管理相关问题进行系统深入研究。以期为客观、科学分析评估农产品流通链成本与质量提供一定参考和借鉴，为有效控制农产品流通链成本、提升农产品质量的途径和方法探索提供相应的依据和参考价值。

第一，阐述了本书研究的选题背景与研究意义；界定了农产品流通、农产品流通模式、农产品流通成本、农产品质量的内涵；总结了与本书研究相关的基础理论，如交易成本理论、价值链管理理论、流通成本管理方法、农产品流通政策，农产品流通相关主体分析等。其中农产品流通的核心是交易，交易产生才会衍生产品的流通，交易成本理论是农产品流通体系研究的前提，即信息获取来源；同时，农产品流通的过程也是一条增值链产生的过程，其增值链的分析离不开价值链理论的指导，并且农产品增值链的产生过程也是对其流通成本进行控制的过程，进而系统梳理流通成本分析与管理的相关方法；当然，农产品流通过程中，离不开政府的治理，从而对农产品流通政策进行分析与梳理；构建高效的农产品流通体系，进而服务于农产品流通链成本与质量的管理控制，需要对农产品流通相关利益主体进行系统分析。本书所述思想、方法为后续研究的展开奠定了理论依据。

第二，以典型案例调查深入分析农产品流通相关主体成本与利益匹配情况。针对我国农产品流通成本高、流通环节多、农产品流通层层加价等问题，试图以农业大省——江西省的典型农产品，赣南脐橙与水产品为例，通过农产品流通过程中相关参与主体的成本与利益匹配情况的调查与分析，进而发现农产品流通过程中普遍存在的问题，寻求流通成本控制的视角与途径。调查分析发现，农产品流通过程中，流通链条越长，农产品加价行为越严重，除去相关参与主体获得所需利益外，流通链条越长，流通成本越高是其中重要因素；流通链条越长，农户增值在整条流通增值链中所占的比例越低，农户收益受损越大；流通模式落后，流通组织化程度低，使得交易随机性大、流通时间长，导致流通链成本上升并最终影响链上各参与主体的利益分配。

第三，基于供应链结构选择优化视角，模拟分析不同结构选择对流通成本的影响，进而为农产品流通成本控制策略选择提供新的视角和依据。考虑到以往农产品流通链成本研究中，倾向于孤立研究农产品流通成本或农产品供应链问题，其实这两个问题紧密相连，从典型农产品调查看出，要降低流通成本、提升流通效益，流通模式的改进与提升非常关键。鉴于此，在总结分析农产品供应链现状基础上，综合其现有农产品供应链特征，设计了产销随机型与产销对接型两种农产品供应链模式；基于设计的两种供应链模式，分别构建两种模式下的流通链成本模型，并根据构建的成本模型，以蔬菜为例应用 Matlab 软件对两种模式下的流通链成本进行了模拟与比较分析，从而清晰看出不同供应链结构选择对农产品流通链成本的影响。模拟结果显示：在产销随机型供应链模式下，由于各交易环节的随机性以及无组织性，使得各个交易阶段的供需关系失衡，不仅导致流通成本上升，并且农产品价格上也呈现不稳定性；同时该模式下流通时间较长，产生价值的损耗。相比较而言，产销对接型供应链模式下，流通组织化程度高，流通时间更短，交易环节更少，在一定程度上有效地降低了流通成本，交易主体在保证自身利益的情况下能够以比较低的价格出售农产品，一定程度上实现农民增产增收、中间商获得高收益、消费者获得满意度高农产品生产与流通的“三好”局面。这也为后续农产品流通链成本控制策略的提出提供有力依据。

第四，从流通链整体视角，应用 DEMATEL 方法系统分析评价农产品质量影响因素。从农产品流通链构成看，农产品质量的影响因素，除了从综合考虑农产品生产与流通环节的供应视角来分析其影响因素，同时消费者的认知与反应将会反过来影响农产品供应质量，但事实是农产品质量因素相关研究较少考虑以上实际。为此，基于供应和消费两个视角分析了农产品质量影响因素；在此基础上通过对 DEMATEL 方法的适用性分析，应用 DEMATEL 方法分别从供应、消费两个视角定量评价农产品质量的影响因素，其中供应视角评价，从供应链系统整体出发，分别评价了供应链内部、外部与环境因素。如此，通过系统分析与定量评价农产品质量影响因素，进而为后续农产品质量管理与提升相关对策建议的提出提供有力依据。评价结果显示：(1) 基于供应视角的分析，尽管相关因素都在一定程度上会影响农产品质量，但影响程度不同。从供应链内部因素看，技术认知和责任意识是影响农产品质量最为核心的因素，并且技术认知层因素是结果性因素，受其他过程性因素影响较大，从而在一定程度上增加了对农产品质量的影响，而责任意识是过程性因素，会通过结果性因素双重作用于农产品质量；从供应链外部因素看，上下游企业间合作和农产品进入市场途径是影响农产品质量安全的关键因素，加强上下游企业间合作，毫无疑问可以进一步把握市场机遇，促进农产品市场流通顺畅，进而提升农产品生产者质量控制意愿，而农产品进入市场途径越规范，进入市场的组织程度越高，则越有利于农产品流通过程中的质量控制，规模化、规范化的市场进入途径，无疑有利于物流过程的控制、农产品质量追溯体系的建立等；从供应链环境因素看，相对于供应链内部因素与外部因素，其影响度和中心度相对来说都较低，说明要控制农产品的质量，关键还在于农产品供应链上各生产、流通企业内部的控制与管理，以及农产品供应链上各相关参与主体的通力合作，环境因素主要是发挥引导、调控功能。(2) 基于消费视角的分析，总体上，消费者的健康与风险意识、对产品的了解与信任、信息服务和政府管制是影响消费者选购农产品最关键的三个因素；同时，由于前两个因素是过程性因素，最后一个是结果性因素，说明最终要落实到科学引导居民对农产品的消费观，培养健康风险意识；农产品供应者要多途径让消费者能了解你的产品，并由此信任你的产品，当然，要落实上述措施，需引发信息服务和政府管制（结果性因素）的完善上来。如此，可为有效利用消费者认知与反应来作用于农产品质量的提升提供相应参考。

第五，在前面研究的基础上，从五个方面有针对性地提出了农产品流通链成本与质量控制的政策建议。一是减少农产品流通环节，促进新型农产品流通模式发展；二是完善农产品流通基础设施，强化农产品流通中的物流技术创新；三是优化农产品特性、物流服务模式与服务策略的匹配；四是从流通链系统整体视角构建全方位的农产品质量问题治理途径；五是充分发挥政府层面的宏观引导与调控职能；并分别就上述五个方面进行了详细的分析。

杨头平

2017 年 10 月

目　录

第1章 绪 论

1.1 研究背景与研究意义

1.1.1 研究背景

面对中共中央大力推进社会主义新农村建设，打赢农村扶贫攻坚战，到2020实现农村贫困人口全面脱贫以及全面建成小康社会的新形势，促进农民持续增收始终是农业和农村经济发展的中心任务。然而，近年来我国农产品出现结构性供给过剩和供给不足并存的现象，使得农产品在总产量不断增加的同时，农民的增收却陷入了困境。有学者甚至提出由于农产品价格上涨过快，我国农产品市场出现了“两头叫、中间笑”的怪现象，即农民抱怨赚不到钱，消费者声称农产品价太高，是什么原因导致的呢？流通成本过高是重要原因吗？

据中国质量万里行促进会秘书长高伯海披露，我国农产品流通成本占农产品售价的比重高达50% ~60%，农产品价格“层层叠加”效应明显，并解释说，由于我国现行农产品流通模式选择的原因，由田间到餐桌的流通环节一般要经过5 ~7个环节，并且每个环节由于自身获利需要，一般加价10% ~20%，再加上一些生鲜农产品，如蔬菜、水果的流通损耗高，达30%之多，而上述这些成本最终均由消费者承担，结果是导致消费者最终承担的农产品价格是初始价格的230%。这种现象引起了消费者的严重不满，社会舆论纷纷将问题的根源指向流通环节。宋则（2012）也指出，从全球看，由于工农业产品生产时间和生产成本越来越大，一定程度上已被流通时间和流通成本所取代，流通成本在单位产品最终销售价格中所占比重，已平均达到50%～70%甚至更高，“成本挤压”重点应由空间越来越小的工农业生产环节向流通环节转移，否则将会成为我国扩大内需、增进消费的新障碍。

与此同时，消费者不仅承担高流通成本带来的高价格农产品，并且还面临着农产品的质量风险问题。近年来，频发的农产品质量安全事故，如南京冠生园的“陈馅月饼”事件、肯德基的苏丹红事件、重庆火锅底料石蜡添加事件、金华火腿敌敌畏浸泡事件、瘦肉精中毒事件、红心咸鸭蛋事件，尤为突出的中国乳殇事件；等等，不断地在打击消费者对我国食品质量安全的信心。2010年《小康》杂志联合清华大学在全国范围内开展了“中国消费者食品安全信心”调查，根据其2011年公布的调查结果，认为食品质量安全存在问题的比重高达94.5%，67.9%的人因此对食品质量感到没有安全感，其中15.6%的人对食品质量感到特别没有安全感，食品质量成为国人的最大不安。

基于此，本书针对我国农产品流通过程中面临的诸多问题，试图以农业大省——江西省的典型农产品为例，通过农产品流通过程中相关参与主体的成本与利益匹配情况的调查与分析，发现农产品流通链中存在的瓶颈，进而寻求流通成本控制的视角与途径。针对农产品质量问题，尽管原因众多，也十分复杂，从发生的农产品质量案例看，尽管大部分来自生产环节，但是从流通链的角度而言，流通环节有不可推卸的责任，如流通环节中的农产品进入壁垒低、相关标准不完善、最大程度的盘剥农产品生产者的利益；等等，以上这些都为生产者提供存在质量风险的农产品埋下了极大的隐患。为此，本书试图基于农产品流通链系统整体视角，从农产品供应、消费两个视角系统定量分析评估影响农产品质量各因素的重要性及关联性，如此既考虑了包括生产、流通的农产品供应环节的农产品质量影响因素，同时又考虑了消费者对农产品供应质量的逆向反作用机制，试图从理论上迈出“从田间到餐桌”全链条的农产品质量管理的研究。

1.1.2 研究意义

农产品流通是连接农产品生产与消费的桥梁，也是实现农产品价值的前提。满足城乡生产、生活对农产品的需求，必须通过农产品的流通来实现；而农产品流通成本深刻影响着农产品价格和农业产业链的利益分配，并对农民增收、城乡居民生活和农产品供给保障机制的发育有着重要影响。同时，“民以食为天，食以安为先”，伴随着近年来发生的农产品质量问题引发的消费者对生产者不信任、挫伤消费者对我国食品质量安全的信心等后果，对农产品质量进行管理，是满足城乡居民收入和消费水平提高的需要，是对消费者负责、提升消费者对食品质量安全信心的需要，是政府治理、提升政府公信力的需要。本书聚焦农产品流通流域的成本与质量问题开展研究，无疑具有重要的理论与实践意义。

(1) 理论意义。

首先，本项目将农产品供应链模式设计与农产品流通成本结合起来进行研究，深入分析不同供应链模式选择对农产品流通成本的影响，使农产品流通的宏观定性层面与微观定量层面研究有效衔接，进而为农产品流通研究领域提供一种新思路、新视角，研究成果将有助于进一步丰富和完善农产品流通理论体系。

其次，拓宽农产品质量研究视角。现有研究更多地从定性角度来探讨如何提高质量保障安全，对农产品质量涉及因素的系统性、复杂性和全面性的认识不足，尤其缺乏从流通链系统整体视角来分析评估影响农产品质量的因素，如此导致对影响农产品质量安全的各个方面的整体性和关联性考虑不足。本项目从农产品供应和消费两个角度来探讨农产品质量问题，进而将农产品质量涉及的生产、流通与消费环节串联起来进行研究，这无疑将影响农产品质量各因素的整体性和关联性考虑进去，是对以往相关研究的有益补充，也进一步拓宽了农产品质量的研究视角。

（2）实践意义。

首先，有助于挤压利益“回流”，让利于生产者和消费者。在中共中央大力推进社会主义新农村建设和打赢农村扶贫攻坚战，到2020年全面脱贫的形势下，促进农民持续增收始终是农业和农村经济发展的中心任务。在此背景下，提升农产品供应链水平，降低流通成本，有助于还利于农户和消费者。同时，流通成本的降低，还能在一定程度上有效增强农产品流通链的竞争力。

其次，为改进农产品质量安全现状提供有益参考。本书从农产品供应和消费两个角度来探讨农产品质量问题，基于系统视角考虑农产品质量因素的整体性和关联性，进而分析农产品质量的关键影响因素，其研究结果将为改进农产品质量安全现状提供有益参考。

总之，本项目从农产品流通相关主体的成本与利益匹配情况分析、农产品流通成本控制、农产品质量影响因素分析等层面来研究农产品的流通体系，其研究成果在一定程度上不仅可为相关政府部门制定农产品流通政策提供决策参考依据，而且也为农产品流通体系研究提供新思路和新视角。

1.2 国内外研究现状

1.2.1 农产品供应链研究

随着供应链管理能给企业及社会带来巨大效益认识的不断加深，如何提升供应链竞争力已成为政府部门、企业及学术界普遍关注的问题。然而，就目前研究现状看，理论界关注工业产品供应链管理研究的成果较多，相对来说学术界关于农产品供应链的研究显得不足。总体上看，农产品供应链的研究主要集中在以下几个方面。

（1）农产品供应链形成原因。

如 Boselie（2002），Golan · E（2003）认为由于农产品生产物流的演变，引发了农产品供应链的发展；同时基于农产品物流演变阶段，农产品供应链总体上可分为哑铃型、T 型、对称型及混合型四种类型供应链。M. F. Stringer 和 M. N. hall（2006）从集成的角度设计食品供应链模型，并根据模型的运行机理，通过层级分解，解释与分析不同阶段食品供应链中可能发生的问题与故障。黄祖辉等（2006）基于流通主体与流通过程中物流活动的二维空间角度分析，从理论上提出了生鲜农产品流通链形成的二维空间模型，并认为生鲜农产品流通链的形成主要受到上述两个因素的影响，即流通主体的组织化程度与流通过程中物流活动的综合程度。在这两个因素的共同约束下，会形成四种典型类型的生鲜农产品流通链，并认为在一定的时期内，哪一种流通链类型占主导作用，取决于这两个因素所达到的水平和结合的方式；刘东英等（2007）以河北省乐亭县生鲜蔬菜为例，对随机型、计划型和特种型三种典型的物流链的形成机理进行了详细分析。赵辛（2013）研究了我国鲜活农产品供应链价格风险生成机理与管理机制。

（2）农产品供应链发展过程。

Mighell 和 Jones（1963）是最早提出农业“纵向协调”的学者，并认为“纵向协调”实际上就是产业组织的创新，纵向协调过程综合了农产品生产原料的采购、农产品的加工、生产与流通中的储存与运输、终端销售等在内的一系列活动过程。Boehlje 与 Schrader（1988）认为对农产品供应链的研究重点需要转变，应由原先对市场的研究转到农产品供应链的纵向协调上，譬如对一些限制农产品供应链中纵向整合的因素、实施纵向协调与整合的主体。Scott 和 Weatbrook（1991）从广义角度界定了供应链，即供应链管理就是将多个实体组织进行有效连接，进而将包括原材料的获得、产品的生产加工，直至产品最终到达消费者的整个过程的相关活动进行整合的过程。其实就是整合产品价值链所有的供应和物流活动。在此研究基础上，Barkema（1993）基于“消费者需求变化”角度来分析农产品供应链，并认为在农产品行业领域，要把握消费者需求变化，需要通过农产品供应链上的纵向合作，同时他还认为纵向合作与契约的出现催生了新的交流方式，而这种交流方式大大增强了消费者的需求沿着农产品供应链上溯到农产品生产者传递的能力。张闯、夏春玉（2008）从系统视角，提出了深化农村流通体制改革的研究框架，并据此提出了深化农村流通体制改革的若干关键环节。黄祖辉、刘东英（2005）通过分析现行生鲜农产品物流体系的制度结构和促使潜在利润形成的外在性变化，认为推动我国农产品物流体系演进的动力来自制度创新。

（3）农产品供应链组织模式。

如夏春玉（2009）通过对农产品供应链网络组织的结构特征与治理机制的分析，认为农产品供应链网络组织不同于企业组织与市场组织，而是介于企业组织和市场组织之间的一种组织形态；刘召云、孙世民、王继勇（2009）指出，我国农产品供应链体系建设应该涉及电子商务环境下的信息化方面，建立新型产销一体化供应链和流通配送体系，实现农产品融入全球供应链当中。赵晓飞（2009，2012）通过分析我国传统农产品供应链组织模式存在的弊端，就如何构建现代农产品供应链体系提出了相应的架构；熊会兵等（2011）对“农超对接”模式进行了详细分析；杨芳（2011）构建了由核心网络和支撑网络所组成的农业产业集群式供应链，并对这种供应链如何运作提出了3种模式，即以农产品批发市场为核心、以农业产业化龙头企业为核心、以连锁零售企业为核心的三种模式。同时，该研究还表明，农业产业集群式供应链能有效提升农业产业集群企业的竞争力，主要表现在创新和知识共享能力、资源整合能力、快速的市场适应能力、独特价值创造能力等四个方面。

(4) 成员合作机理模型及各环节上的利益分配机制。

王雪峰、孙小明、杨芳（2008）研究了在需求不确定下由一个区域配送中心、多个城市配送中心及多个零售门店构成的连锁零售企业物流配送系统优化模型，分别建立了零售门店选址和物流配送网络设计的独立决策模型及相应的联合决策模型，并构造基于拉格朗日松弛法和次梯度算法的协调机制来实现联合决策，且证明了其有效性；李圣军（2010）通过构建VAR模型对农产品供应链环节利益分配进行实证分析，实证结果表明农产品批零环节利益涨幅明显高于生产环节，流通各环节的利益分配明显呈现出需求倒逼的特点；黄桂红、贾仁安（2010）以赣南脐橙为例研究生鲜农产品供应链系统的运作，通过建立系统流程图来揭示供应链变量的相互作用和制约的机理；许景、王国才（2012）从双边专用性投资的角度进行研究，发现农户与下游买方间进行双边专用性投资，可以降低合作中的机会主义行为，提高双方的信任水平，进而提高农户的合作水平与绩效。

1.2.2 农产品流通成本研究

随着我国不断深化农产品流通体制改革，学术界关于农产品流通问题的研究成果也不断涌现和深入。但从现有文献看，国内学者们更多集中在宏观层面的研究，如分析农产品流通体制的演进与改革措施（夏春玉等，2008）；农产品流通模式与组织、流通渠道及其制度因素分析（黄祖辉等，2006；刘东英等，2007）等。从微观角度对农产品流通成本的研究较上述领域显得相对薄弱。

在我国农产品流通市场中，小农户与大市场之间的矛盾一直是学者关注的焦点，即如何控制流通成本、提升流通效率，进而促进农产品流通价值链各环节的利益合理分配是学者们研究的热点。

黄祖辉、张静、Kevin Chen（2009）通过调查浙江省梨果供应链，包括专业合作社的成本投入及增值情况、龙头企业的成本投入及增长情况等，并基于调查实证分析比较不同参与主体的投资效率，发现在农产品供应链中，供应链组织模式不同，其增值效率也不一样，并且对相关农户的影响也不同。杨宜苗、肖庆功（2011）以葡萄为调查对象，通过对锦州市葡萄现有“农户＋水果超市＋消费者”、“农户＋农民专业合作社＋大型综合超市＋消费者”、“农户＋经纪人＋批发市场＋零售商＋消费者”三种流通模式下的流通成本，流通效率以及成本利润率指标来衡量的流通主体获利情况分析，发现选择不同的流通模式，其对应的通成本、流通效率及流通主体获利也不一样。从流通成本看，模式1＜模式3＜模式2；从流通效率来看，模式2＜模式1＜模式3；从流通主体获利来看，模式2＜模式3＜模式1。郑风田等（2008）就我国农产品产业链中生产和流通环节利益错位现象产生原因专门分析了流通成本问题。刘伟华等（2009）选取苏果超市、蒙牛奶业等为案例，通过三种典型封闭供应链模式进行分析，提出了农产品供应链成本控制的有关建议。王蕾（2014）以新疆北疆地区农产品为研究范围，运用DEA分析法对新疆北疆8个地区2006～2012年的物流效率进行分析，得出新疆北疆地区在这一阶段的农产品流通效率落后，同时运用因子分析法和TOPSIS分析法对2012年新疆北疆8个地区的农产品物流发展水平进行测度，建立起新疆北疆地区农产品物流体系。

总体来看，对于农产品流通成本的研究，从研究内容来看，主要基于以下几个角度：一是从农产品竞争力提升的角度分析；二是从农业产业化程度推进的视角出发；三是从促进农民增收而寻求路径或对其原因进行分析。无论基于哪个角度，其分析方法主要包括以下几种：①定性理论分析，这也是大多学者所采用的方法，如中国现代物流发展报告（2007）认为，我国农产品流通环节较多、损失较大等情况较为普遍。②少数以案例形式的实证分析，主要是研究农产品流通过程中，流通成本的构成、各流通环节的相关成本投入及获利情况、利益分配在各流通主体（环节）间的分配是否合理等（孙侠，2008；文晓巍，2011；杨宜苗、肖庆功，2011）。③采用新制度经济学分析方法，尤其是基于交易成本视角分析（汤石雨，2006；张艳，2013）。这也是与西方学者对相关问题研究有效对接的一种方法。其中Skuta和James（2004）就提出将农产品流通过程中的交易与组织等要素纳入价值链及制度环境中系统研究是未来的研究方向；Ruerd Ruben等（2007）基于交易成本视角对蔬菜采购模式进行了分析与比较研究；黄祖辉、张静（2008）基于浙冀两省15县30个村梨农调查的经验证据，从农产品流通的交易成本视角，解释交易特征和农户特征对于农户选择不同的销售渠道的影响。

1.2.3 农产品质量研究

（1）农产品质量影响因素与评价。

总体来看，影响农产品质量的因素众多。学者们也从不同角度来分析与评价农产品质量的相关影响因素。张煜、汪寿阳（2010）基于三鹿奶粉事件案例，提出了包含追溯性、透明性、检测性、时效性和信任性五个因素在内的质量安全管理模型框架。王芳、李赛男等（2011）以蜂产品加工企业作为研究对象，基于问卷调查，运用logit二元选择模型实证分析农产品质量安全供给动因和主要影响因素，结果显示，尽管部分企业对蜂产品的市场监管、标准体系缺乏信心，但大部分企业具有质量安全的控制意愿。李中东、孙焕（2011）基于山东、浙江、江苏、河南和陕西五省农户的调查，应用DEMATEL方法实证分析不同类型技术对农产品质量安全影响效应，结果表明，影响农产品质量安全最关键的因素是生产地环境保护类技术。廉亚丽、李祥洲（2012）认为，导致影响农产品质量的因素潜伏在农产品种植、养殖、加工、包装、贮藏、运输、销售等“从农田到餐桌”的各个环节，并采用近10年来与农产品质量安全有关的事件案例分别从化学因素、物理因素、生物因素三个方面进行了详细分析，提出了控制农产品质量的关键环节。宋英杰、李中东（2013）通过对农产品质量安全政府管理人员的调查，并应用有序Probit模型，从政府管制角度研究了主要的管理因素对农产品质量安全技术扩散关键阶段的影响。研究表明，政府管制因素具有显著影响，影响管理者参与态度的多个变量对管制效果影响大。高齐圣、路兰（2013）基于DEMATEL和QFD方法深入分析农产品质量的影响因素，结果表明：产品进入市场方式、政府监管惩罚力度以及消费者的消费意识是农产品质量安全的关键影响因素；农产品质量风险主要表现为生产链风险，产地环境质量和农产品安全加工技术是主要影响因素。另外一些学者基于信息不对称因素导致农产品质量问题，应用外部线索感知理论研究农产品质量（Grunert，Larsen，Madsen and Baadsgaard，2001；Renee Kim，2008）。

（2）农产品产业组织模式与质量安全。

农产品质量问题的治理，外部产业监督的压力固然重要，包括农产品质量安全准入标准制度、农产品质量安全评价体系的建立、农产品质量抽检力度的强化、建立农产品可追溯体系、加强立法及相应处罚力度等（Chambers，1992；周德翼等，2002；Unnevehr，2003；Starbird，2005；Pouliot and Sumner，2008；胡定寰，2008），但产业外部的监督仅是“堵”的思路，而非“疏”的原理。因而一些学者认为，更为重要的是从产业内部着手。为此，近年来一些学者从农产品产业组织模式角度来探讨农产品质量问题，如通过农产品供应链网络组织的合作，增加农产品供应链的透明度，进而实现农产品质量安全过程中信息不对称面临的诸多挑战（A. J. M. Beulens，2005）。其他如吕志轩（2008）对浙江省临海市上盘镇西兰花专业合作社的案例，分析农产品供应链中组织与农产品质量安全水平之间的关系，提出没有一体化的组织，也就没有质量安全，因而认为农产品质量治理的重点在于如何积极引导分散的小农户自愿形成一体化的组织。张敏（2010）指出，农产品供应组织模式与农产品质量安全问题密切相关。钟真、孔祥智（2012）通过对奶业抽样数据来实证分析产业组织模式对农产品质量安全的影响，结果显示：虽然交易模式和生产模式都显著影响食品品质和安全，但是如果在其他条件控制的情况下，生产模式对农产品品质的影响更为显著，而交易模式则更为显著地影响农产品安全。苏昕、王可山（2013）基于我国农业生产特点分析，认为农民合作组织在优化资源配置、降低交易成本和市场风险、共享组织优势与合作收益上具有制度优势，使其在应对小规模分散经营内在的农产品质量安全缺陷上具有效率，并提出农民合作组织是破解农产品质量安全困境的现实路径。张蓓、黄志平、杨炳成（2014）为了分析农产品供应链核心企业质量安全控制的意愿，基于广东省214家农产品生产企业的调查数据并采用结构方程模型进行了实证研究，结果显示农业企业能力、农产品供应链协同程度、农产品供应链信息共享程度、消费需求和政府监管力度对农产品供应链核心企业质量安全控制意愿具有不同程度的显著的正向影响，但媒体监督力度具有显著负影响。

总体来看，农产品的产业组织模式引导是农产品质量治理不可忽视的一个重要因素，外部产业监督的压力与内部产业组织模式引导两者缺一不可。

1.2.4　文献总结与述评

在中共中央大力推进社会主义新农村建设和打赢农村扶贫攻坚战，到2020年全面脱贫的形势下，促进农民持续增收始终是农业和农村经济发展的中心任务。在此背景下，提升农产品供应链水平、降低流通成本、保障农产品质量无疑成为学者们研究的焦点。学术界关于农产品供应链的研究主要集中在形成原因、发展过程、组织模式、成员合作机理模型及各环节上的利益分配机制等四个方面，农产品供应链水平的提升无疑将对农产品流通链成本、相关参与主体的利益分配及农产品质量产生重要影响。关于农产品流通的研究，更多集中在宏观层面，包括农产品流通体制改革，农产品流通渠道、流通组织一体化及其相关制度因素分析等；而从微观角度对农产品流通成本的研究较上述领域显得相对薄弱，从研究内容来看，主要从农产品竞争力提升、农业产业化程度推进、促进农民增收而寻求路径或对其原因进行分析等角度开展研究。无论基于哪个角度，关于农产品流通成本分析方法主要包括以下几种：一是定性理论分析，这也是大多学者所采用的方法；二是少数以案例形式的实证分析；三是采用新制度经济学分析方法，尤其是基于交易成本视角分析。关于农产品质量的研究，学者们一致认同外部产业监督的压力，即从生产技术、质量标准、消费者认知、建立可追溯体系、加强立法和惩罚力度等与内部产业组织模式引导两者缺一不可。

无疑，国内外学者上述相关的研究成果为本书研究提供了很好的思路借鉴，对研究框架的设计具有重要的参考价值，这当然是十分可贵的。但我们也应关注现有研究成果的一些不足。

第一，从研究视角看，倾向于将农产品流通成本与农产品供应链问题割裂开来进行研究，如孤立研究农产品流通成本问题或农产品供应链问题，其实上述两个问题是密切相连的，都是我国农产品流通中亟待解决的问题。尤其是在农产品供应链结构呈现多元化格局的背景下，供应链结构选择对农产品流通及流通成本有何影响？何种类型的农产品供应链的流通成本更低、流通效率更高？

第二，从研究方法看，由于产品流通过程复杂，获取相关数据的难度较大，现有农产品流通成本相关研究倾向于采用定性分析方法，定量研究较缺乏；在有限定量研究上，大多以案例形式的实证进行分析或采用新制度经济学为主要分析方法的单方面某个视角分析，缺乏从系统定量角度来分析农产品流通总成本。其结果是可能会导致相应研究结论缺乏足够的说服力与解释力，进而对相关政策制定的依据支撑不足。

第三，从农产品质量研究内容看，以局部如农户视角、核心企业视角、组织模式视角等开展研究的居多，而站在农产品流通链视角，整体上将农产品质量涉及的生产、流通与消费环节串联起来进行研究的仍偏少；对影响农产品质量各因素的整体性和关联性研究较缺乏，多关注于单一层面或单一因素对农产品质量的影响，忽略了因素间的相互作用及从定量角度评估各因素的重要程度和紧迫程度。

为此，本书将在现有研究成果的基础上，考虑现有文献存在不足，采用实际调查、案例研究、模拟分析等方法，比较分析不同流通模式选择下农产品流通相关参与主体成本与利益匹配情况、供应链结构选择对农产品流通成本的影响；应用 DEMATEL 方法，基于农产品流通链视角系统分析评估农产品质量的各影响因素，具体来说，从农产品供应、消费两个视角，系统定量分析评估影响农产品质量各因素的重要性及关联性，如此既考虑了包括生产、流通的农产品供应环节的农产品质量影响因素，同时又考虑了消费者对农产品供应质量的逆向反作用因素。其研究结果以期为客观、科学分析评估农产品流通链成本与质量提供一定参考和借鉴，为控制农产品流通链成本、提升农产品质量的途径和方法探索提供相应的依据和参考价值。

1.3 研究思路与方法

本书的研究思路与方法如图 1－1 所示，具体研究的技术路线简述如下。

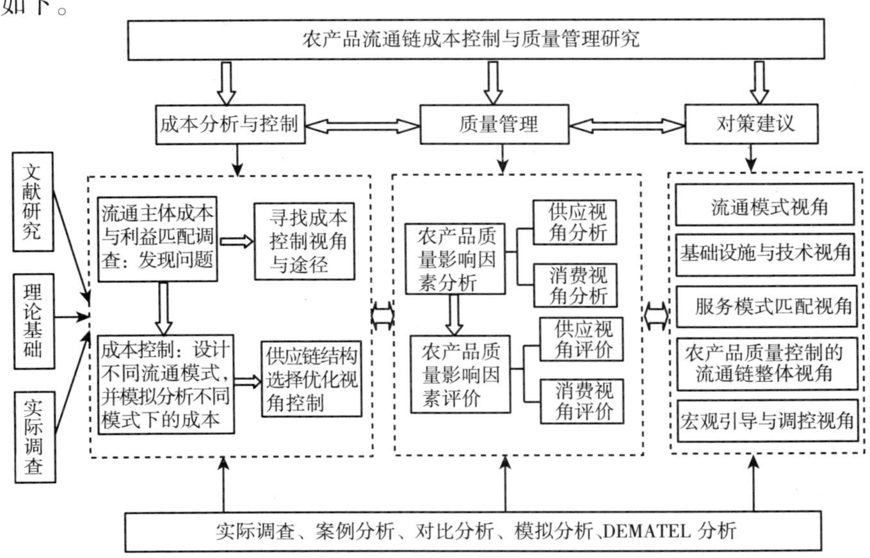

图 1－1 研究思路及技术路线

（1）查阅农产品流通体系、农产品流通成本与农产品质量管理的相关文献研究资料，把握国内外在该领域研究热点和发展趋势，全面了解与本书相关的背景知识，为后续研究奠定基础。

（2）调查农产品流通链成本控制与质量管理实践情况，发现当前农产品流通链成本控制与质量管理实践中存在的关键问题。

（3）在理论研究文献和实际调研的基础上，建立本书的研究框架。

（4）深入分析农产品流通过程中各参与主体的成本与利益匹配情况，进而发现问题，为农产品流通成本控制视角与途径选择提供客观依据。

（5）根据农产品流通过程中各参与主体的成本与利益匹配情况存在的问题，基于农产品供应链结构选择优化视角探讨农产品流通成本控制策略。

（6）基于农产品流通链视角系统分析评估农产品质量的各影响因素，具体来说，从农产品供应、消费两个视角系统定量分析评估农产品质量各因素的影响程度及关联性影响。

（7）基于前述分析提供的依据，有针对性地提出有效控制农产品流通链成本与质量的相关政策建议。

根据上述研究思路，本书采用归纳与演绎相结合、规范研究与实证分析相结合、定性分析与定量分析相结合的研究方法。具体来说包括实际调查、案例分析、对比分析、模拟分析、DEMATEL 分析等研究方法。

1.4 研究总体结构与主要内容

基于上述研究思路，全文共分 7 章，总体结构如图 1-2 所示，主要内容简述如下。

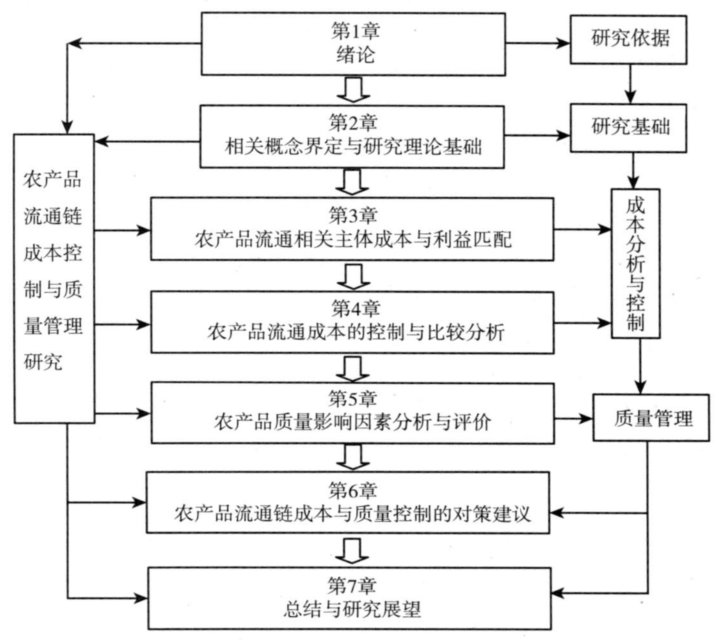

图1－2 研究总体结构

第 1 章，阐述本书研究背景与研究意义，在对国内外研究成果进行综述的基础上提出研究框架和主要内容。

第 2 章，系统阐述与本书研究相关的基础概念和基础理论。主要概念包括农产品流通、农产品流通模式、农产品流通成本、农产品质量；相关的基础理论包括交易成本理论、价值链管理理论、流通成本管理理论、农产品流通政策与流通参与主体分析等。本章所述思想、方法为本书后续研究的展开提供了理论依据。

第 3 章，以两种江西典型农产品，赣南脐橙与水产品不同流通模式下的价格形成、成本构成、价值增值和利润分配状况进行实地调研，掌握农产品流通过程中各参与主体的成本与利益匹配情况及普遍存在的问题，进而为后续流通成本控制策略选择视角与途径提供依据。

第 4 章，根据农产品流通过程中各参与主体的成本与利益匹配情况存在的问题，基于农产品供应链结构选择优化视角，模拟分析不同供应链结构选择对农产品流通链成本的影响，进而为后续对策建议提出提供依据。

第5章，从农产品流通链视角系统分析评估农产品质量的各影响因素，具体来说，从农产品供应、消费两个视角系统定量分析评估影响农产品质量各因素的重要性及关联性，如此既考虑了包括生产、流通的农产品供应环节的农产品质量影响因素，同时又考虑了消费者对农产品供应质量的逆向反作用因素。

第6章，在前面各章研究基础上，从五个方面有针对性地提出农产品流通链成本控制与质量提升的途径和方法：一是减少农产品流通环节，促进新型农产品流通模式发展；二是完善农产品流通基础设施，强化农产品流通中的物流技术创新；三是优化农产品特性、物流服务模式与服务策略的匹配；四是从流通链系统整体视角构建全方位的农产品质量问题治理途径；五是充分发挥政府层面的宏观引导与调控职能。

第7章，总结与研究展望。总结全文研究结论，并指出有待进一步研究的一些关键问题。

1.5 主要创新点

1.5.1 研究视角上的创新

以往农产品流通链成本研究中，倾向于孤立研究农产品流通成本或农产品供应链问题，其实这两个问题是紧密相连的，都是我国农产品流通中亟待解决的问题。尤其是在农产品供应链结构呈现多元化格局的背景下，何种类型的农产品供应链的流通成本更低、流通效率更高？供应链结构选择对农产品流通及流通成本有何影响？基于此，本书将农产品供应链模式与流通链成本控制相结合进行研究，使宏观定性层面与微观定量层面研究有效衔接，进而为农产品流通领域研究提供一种新思路、新视角。

1.5.2 研究内容上的创新

创新点一：构建了不同供应链模式下的农产品流通成本模型。

众多学者充分认识到，供应链模型选择不同，其农产品流通链结构也不一样，如此将影响到农产品的流通成本及相关流通主体的利益分配。本书基于赣南脐橙与水产品的案例调查分析也论证了上述观点。然而，供应链模式选择具体如何影响农产品流通成本，相关研究不多，少量研究也多以定性分析为主。为此，本书设计不同的农产品供应链模式，并基于设计的模式，分别构建不同模式下的流通成本模型，应用MATLAB软件对不同模式下的流通链成本进行模拟与比较分析，从而清晰看出不同供应链模式选择对农产品流通链成本的影响。

创新点二：从农产品流通链视角，应用DEMATEL方法系统分析与评估农产品质量各影响因素的重要程度及因素间相互作用机理。

学者们对农产品质量问题已进行了大量研究，但大多从局部如农户视角、核心企业视角、组织模式视角等开展研究，而从流通链系统整体上将农产品质量涉及的生产、流通与消费环节串联起来进行研究的偏少；对影响农产品质量各因素的整体性和关联性研究较缺乏，多关注于单一层面或单一因素对农产品质量的影响，忽略了因素间的相互作用及从定量角度评估各因素的重要程度和紧迫程度。为此，本书应用DEMATEL方法，基于农产品流通链视角，系统分析评估农产品质量的各影响因素。具体来说，从农产品供应、消费两个视角系统定量分析评估影响农产品质量各因素的重要性及关联性，如此既考虑了包括生产、流通的农产品供应环节的农产品质量影响因素，同时又考虑了消费者对农产品供应质量的逆向反作用因素。

第2章　相关概念界定与研究理论基础

2.1　基本概念界定

2.1.1　农产品流通与农产品流通模式

（1）农产品流通。

农产品流通，简单看就是指农产品从生产到消费的流动过程，并在农产品的流动过程中，使生产的农产品的使用价值得到实现并产生增值。而其中的增值有赖于对农产品流动过程中涉及的相应功能活动的整合，包括农户的生产活动、流通中的物流活动、市场信息的反馈活动等。总体上看，农产品流通是农产品生产与消费联结的媒介要素，只有通过这一媒介要素，生产的农产品才有使用价值并最终产生增值。

基于上述对农产品流通的界定，其包含的内容有以下几个方面：一是农产品流通参与主体。是农产品流通过程中涉及的组织和个人，包括农户、各种形式的流通商（如农产品的采购商、批发商、代理商、经纪人、零售商等）、终端消费者。其中流通商的主要功能是通过其开展的系列活动，将农产品的生产领域与消费领域进行有效联结。二是农产品流通市场。指农产品流通过程中，不同流通参与主体交易的场所，典型如集贸市场、农产品批发市场等。三是农产品流通的运行机制，通过机制的运行，将流通过程中的各相关活动有机联系并有效整合，具体如信息的驱动机制、政府的政策调控机制、法规调控机制等。

（2）农产品流通模式。

从农产品流通内涵界定看出，农产品从生产领域向消费领域的实体流动过程中，将相关流通参与主体连接起来并构成了一条农产品的流通链，而其中如何连接相关流通参与主体，可以有不同的选择，这种选择方式就是农产品流通模式的选择。选择方式不同，流通模式也不同，具体表现在流通链结构（农产品的供应链结构）会改变。

总体上看，目前我国农产品的流通过程中，最主要的模式是以批发为核心构建，相应的流通链结构见图 2－1。其模式运作特征表现为：

第一，农产品流通以推动式为主。我国农产品生产方式主要以分散小农户为主，大多缺乏获取农产品市场需求相关信息的手段，再加上其自身的文化素质不高，使农户难以准确判断其生产农产品的真实市场需求；同时政府也普遍存在对相关农产品公共信息平台的建设，在宏观上对农户的生产缺乏宏观指导，如此，易导致农户的生产存在较大的盲目与随意性，基本是按照过去的经验组织生产，如延续前几年的惯例或市场需求来组织生产（包括生产的品种结构、生产规模等）。结果是农户生产不是由市场需求决定，农产品的流通不是由市场需求拉动，而主要由农户具有较大随意性的生产推动（见图 2－1）。

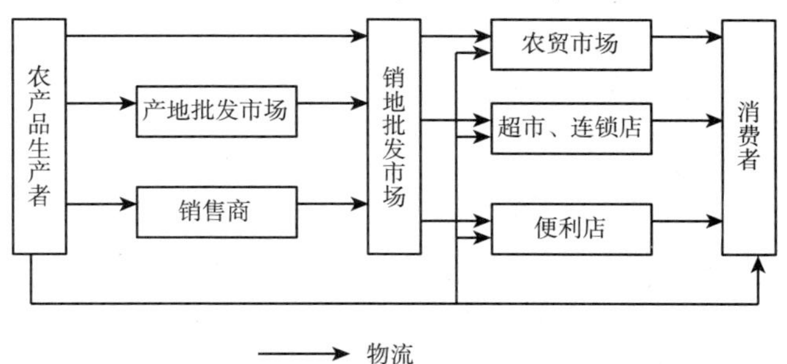

图 2－1　农产品供应链主要运行模式

第二，农产品产业链短与流通链长并存。“产业链短”表现在农产品的产业链延伸不足，主要以简单的农产品初级加工为主，附加值低；而附加值较高的农产品精、深加工发展不足，结果是既不利于对农产品的产业结构调整与升级、农户的增收，也很难满足消费者的需求多样性。“流通链长”是指农产品流通过程中的环节多，影响农产品的流通效率与成本。

第三，流通链中参与主体众多，协调难度大。上述模式中，农产品流通链的参与主体包含农户、不同的批发商与零售商、代理商等。其中，参与主体的基本特征是规模小、层次低，流通中的交易活动随机性较大，物流活动分散，结果是流通活动协调难度大，难以获得规模化的效益。

第四，成员间利益和风险分配机制不尽合理。由于该模式下参与主体的基本特征是规模小、层次低，结果是链上每一层级的成员多，并且由于其自身的竞争力不强，使得他们在供应链中谈判能力不强，利益分配和协调机制保障程度被削弱。

近几年，尽管我国一直在不断创新农产品的流通模式，如“企业+农户”的订单模式、“企业+基地+农户”的基地模式、“超市+基地+农户”的农超对接模式等，但由于信息的不对称及双方的地位不对等，易导致合作双方的投机与败德行为，违约现象也是时有发生，不仅挫伤合作的积极性，也严重损耗合作双方利益。

2.1.2 农产品流通成本

农产品实现其使用价值和增值，必须通过从生产领域向消费领域的实体流动，当然，其实体流动过程中将产生相关费用，包括涉及农产品生产的相关成本，流通过程中涉及的运输、装卸搬运、储存、损耗等物流成本，各流通参与主体基于获利而在其成本基础上按一定比例加成的成本等，本书将上述这些农产品从生产领域到消费领域产生的费用界定为农产品流通成本。

总体上从农产品价格形成过程看，流通成本的大小是重要影响因素。对农产品流通成本进行有效控制，能起到稳定农产品价格的作用，进而在一定程度上保护农户和消费者的利益。就我国农产品流通成本现状看，影响流通成本的主要因素有：

一是农产品流通模式，即流通链结构的选择。流通模式选择不同，其相应的流通环节、流通效率也不一样，进而影响流通成本的形成机制。如通过流通模式选择，整合农产品供应链，减少流通环节、提高农民组织化程度等措施降低农产品流通相关费用。

二是相关体制因素。包括相关路桥费、市场建设不足导致的高服务费等。这些相关体制因素导致的费用都会进入农产品流通链参与主体的成本中，进而影响与其交易的流通链上的下游参与者的成本，并最终由终端消费者承担。

三是流通技术与设施因素。农产品品种多、特征各异，需要不同的流通网络来支撑，其中涉及相关的流通基础设施建设、相应技术的支持。以鲜活农产品为例，由于其易腐烂的特点，产品生命周期短，流通过程中需要相应的冷藏冷冻技术。因而流通技术创新与应用、流通基础设施的完善与否都会影响农产品的流通成本。

2.1.3 农产品质量

近年来，我国食品质量安全事故频发，例如：南京冠生园因为“陈馅月饼”事件而倒闭；肯德基因为苏丹红、重庆火锅底料因为添加石蜡而遭遇了信誉危机；金华火腿因传出用敌敌畏浸泡的新闻后名声扫地；尤为突出的是中国乳殇；等等。

农产品既是食品中的组成部分，也是食品生产的主要原料来源，并且从食品质量安全事故的典型案例也能看出，其主要原因在于食品供应链的前端，即农产品的生产与流通环节。由此可见，在很多情况下，食品质量安全问题其实就是农产品质量安全问题的具体表现（钟真、孔祥智，2012）。

关于农产品质量的界定具有一定的特殊性，这主要是考虑到其自身独有的特性，即农产品质量的有关信息难以从量化角度客观实时地测定，而同时仅靠人的直接感觉又很难能发现并作出评价。从目前相关研究看，大多学者将农产品安全等同于农产品质量，如我国 2009 年颁布的《食品安全法》中就用食品安全来统称农产品质量（任端平等，2006）；但也有学者认为，农产品质量概念要大于农产品安全概念，农产品安全属性仅是质量属性中的一部分（Herrero et al.，2002；Dasetal，2007；周应恒等，2008）。本书采用第二种观点来界定农产品的质量，认同质量的概念大于安全的概念，因而界定的农产品质量包含质量和安全两个属性，安全是质量的前提，农产品安全存在问题，也就无从谈农产品的质量。

总体上看，农产品质量具有以下特征：①难以标准化。这是由于农产品的质量水平在一定程度上取决于消费者的主观评价，即使是同一标准的产品，不同的消费者由于其消费习惯、消费水平、消费地域等因素不同，可能给出不同的评价。②农产品质量信息严重不对称。农产品质量信息在农产品供应者、消费者、监管部门之间不对称，这种不对称现象也是农产品质量问题频发的一个重要因素。③质量标准具有相对性和动态性。如在特定阶段下农产品的质量属性，随着科学技术的进步或消费者水平的提高，其相应质量属性也会不同。④影响因素众多。从农产品供应者的角度看，包括自然环境、生产技术、农产品生产的投入品等；从消费者角度看，包括价格水平、消费者的感知水平、消费意识等；从监管者角度看，包括监管投入、信息服务水平等。

2.2 研究理论基础

农产品流通过程中，涉及政府、农户、消费者及流通中间企业与组织等相关主体，因而农产品流通体系需要把流通过程中的相关主体作为一个系统来研究。农产品流通的核心是交易，交易产生才会衍生产品的流通，基于此，交易相关理论，尤其是交易成本理论是农产品流通体系研究的前提，即信息获取来源。同时，农产品流通的过程也是一条增值链产生的过程，需要对相关流通成本进行管理与控制，达到增值目的；当然，农产品流通过程中，离不开政府的治理，包括相关政策的制定、流通相关主体利益的协调等。具体来说，农产品流通体系研究的相关理论基础及逻辑如图 2－2 所示。

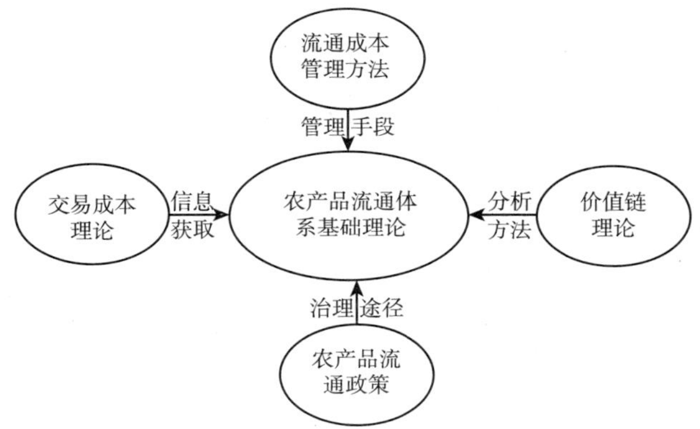

图 2－2　农产品流通体系理论框架及逻辑

2.2.1　交易成本理论

农产品的流通过程可划分为若干个交易过程，其中每个交易过程会产生一定 的费用，称之为交易费用。具体来说，就是农产品从一个流通参与主体转移到另一流通参与主体所包含的所有成本与代价，包括找寻交易对象的费用、与交易对象进行交易的谈判与准备费用、执行交易的费用（如不同交易主体运输费用、库存费用的分散）。根据上述界定，本书关注的是“市场型交易费用”。

农产品流通模式选择与优劣，在很大程度上与交易费用的大小有关。如对于我国现行分散小农户的农产品生产经营方式，使得其在市场的交易过程中会产生高昂的费用。具体来说：一是小规模进入市场，交易的随机性大，交易对象搜寻成本高。如传统的分散小农户进入市场的渠道，农产品采购商要面对无数个小规模经营农户，并且不同农户农产品的生产标准不一、农产品质量差异大，使得采购商完成一次相关交易需要多次的谈判过程，交易费用增加。二是分散小农户获取包括农产品种植品种、种植技术、销售市场等的市场信息渠道有限，使得其对快速变化市场的信息要么不可知，要么要花费一定的费用获取，如此导致农产品的生产依据过去惯例、经验或往年的市场需求来制订农产品生产计划，结果是农产品的生产与市场需求脱节，交易风险增大。

随之而改变的是，国家出台相关政策鼓励流通方式的创新，提升流通的组织化程度，在一定程度上为“小生产和大市场”的矛盾提供了嫁接桥梁。如农超对接模式、基地模式等现代流通渠道的出现，不仅降低了交易费用、提升了流通效率，并且也把农户与市场紧密联系在一起，形成流通过程中更合理的利益分配机制。

由上述分析可以看出，交易成本既是农产品流通研究的信息获取来源，即农产品流通链是由不同的交易环节构成；又是反映农产品流通模式优劣的重要体现。

2.2.2 价值链管理理论[①]

迈克尔·波特（1985）在《竞争优势》一书中首先提出价值链的概念，其分析思想认为，每一种产品从最初的原材料投入到最终的消费者手中，要经历无数个相互联系的作业环节，这就是作业链。它既是一种

① 杨头平．企业物流系统成本分析与控制优化研究［D］．华中科技大学，2008.

产品的生产过程，又是一种价值形成和增值的过程。由于作业特性决定了价值链一般按行业构建，相关行业之间又有交叉价值链。任何一个企业均位于某行业价值链的某一段，企业内部也可以分解为多个单元价值链，每个价值链既会产生价值，同时也要消耗资源。某一个价值链单元是否创造价值，关键是看它是否提供了后续价值链单元所需，是否降低了后续价值链单元的成本，是否能改善后续价值链单元的质量。根据价值链分析视角，价值链分析又分为企业价值链分析、行业价值链分析和竞争对手价值链分析。企业价值链分析就是分析企业自身作业活动，区分增值作业和非增值作业，努力删除非增值作业，降低成本，提高效率，是对企业自身的一种成本管理，具体来说主要包括以下几步：第一，确定基本价值链；第二，分解基本价值链；第三，评价价值链作业；第四，追踪价值链作业成本；第五，优化企业价值链。行业价值链分析是将企业置身于行业价值链中，利用上下游价值链进一步降低成本，获得成本优势。

价值链管理就是让企业明确自己的核心竞争力，并且根据自身的竞争力来确定企业在市场中的定位（Al - Mudimigh et al.，2004）。因此，价值链管理的内容就是安排和协调好企业价值活动，使企业实现其战略目标，其目的在于通过优化核心业务、组织结构、业务流程和信息流等降低组织的经营成本，控制经营风险，增强企业的差异化优势，最终提高企业的效率和效益。

目前，价值链管理领域出现了大量研究文献，代表性结论可综合归纳为以下观点：一是价值链管理主要就是进行价值链分析（胡大立等，2001）；二是价值链管理是对经济活动的计划和控制（冯海龙，2002）；三是价值链管理是对物流、资金流、信息流的有效规划和控制（王颖，2003）。Tzu - An Chiang 和 Amy J. C. Trappey（2007）依据企业生产模式，将企业生产分为备货型生产（make to stock，MTS）、订货型生产（build to order，BTO）和介于上述两种生产模式之间的结构型生产（configuration to order，CTO），从而提出了一个价值链系统分析总体框架，如图 2 – 3 所示。

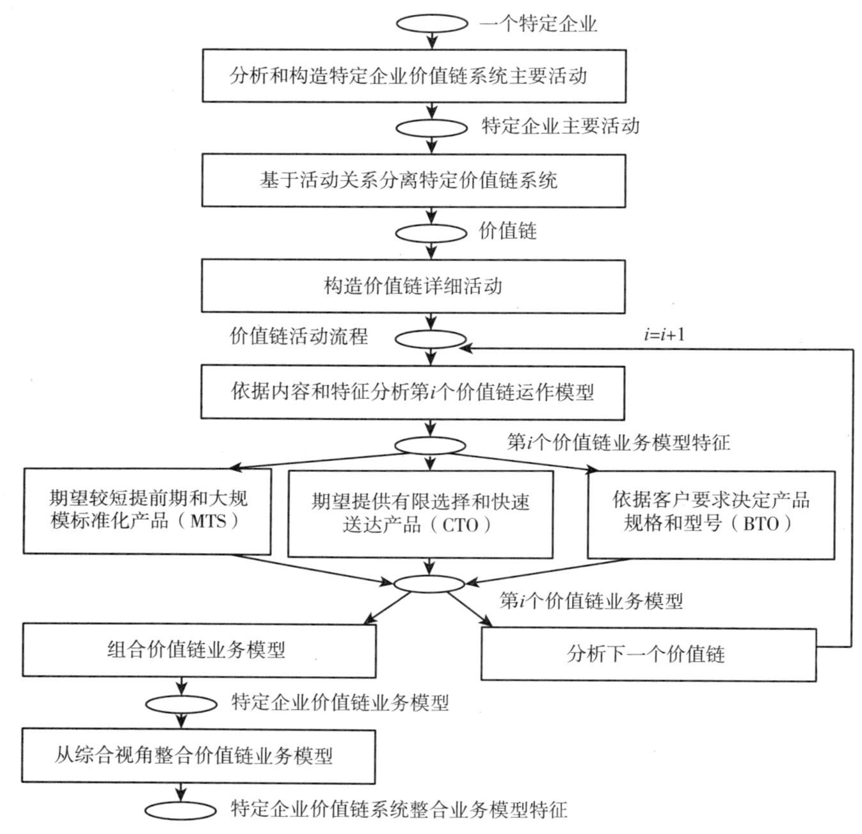

图 2 – 3　一个企业价值链系统的整合分析框架

从本质上讲，农产品流通过程管理也是一种价值链管理，农产品的流通链形成就是一条特定的农产品价值链的产生。具体来说，一条完整农产品的流通链产生，包括农产品生产资料的供应者、农产品生产者（包括农户与农产品加工企业）、农产品流通商（包括各种采购商、批发商、零售商）、终端消费者，农产品的价值增值通过上述流通过程形成，并最终由终端消费者购买实现。并且，在农产品流通链价值增值过程中，各流通参与主体是相互依存的，这也就要求相关参与主体需从链条整体去考虑价值的增值，而不是各参与主体自身的短期利益。因此，可用价值链理论来对农产品流通链进行管理，进而管理和控制农产品流通链成本。

2.2.3　流通成本管理方法①

对农产品流通成本进行有效管理与控制，还需相应的成本分析方法支持。根据杨头平（2008）对相关成本管理分析方法总结，对农产品流通成本进行分析，主要有直接产品盈利分析法（direct product profitability，DPP）、所有权成本分析法（total cost of ownership，TCO）、生命周期成本法（life cycle costing，LCC）以及作业成本法（activity - based costing，ABC）。

标准成本法是在泰勒的生产过程标准化思想影响下，于20世纪20年代在美国产生的，它将成本计算和成本控制相结合，是一个包括制定标准成本、计算和分析成本差异、处理成本差异三个环节所组成的完整系统。标准成本法以标准成本为基础，把成本的实际发生额区分为标准成本和成本差异两部分，并以成本差异为线索进行分析研究，具体掌握成本差异的成因和责任，并及时采取有效措施消除不利的差异，实现对成本的有效控制。

目标成本法是具有一定功能和质量的产品，在预测的销售价格下，实现一定期望利润基础上而确定的产品生命周期成本的一种结构化方法（Cooper et al.，1997）。完成目标成本需要应用价值工程，绝大多数目标成本和价值工程的目标一般不是最小化产品成本，而是通过企业目标成本系统实现一定程度的成本降低。目标成本法的实施一般需要经过目标成本确定和目标成本分解两个阶段，一旦目标成本确定，设计团队就需要分解产品，确定部件和组件的目标成本。

---

① 杨头平．企业物流系统成本分析与控制优化研究［D］．华中科技大学，2008.

直接产品盈利分析法早在20世纪60年代和70年代的美国杂货行业就得到广泛应用，主要原理是在考虑每个单品的特定物流运作和空间成本的基础上确定各品种对企业盈利的贡献程度。这种方法由于在产品边际总利润中扣除了所有直接相关的流通成本，因而能够更精确地反映产品盈利率，但DPP扣除的成本主要是直接流通成本，如处置、运费、存储和直接劳动等成本，而没有很好地考虑像监督、管理、滞留、逾期、采购和库存持有等间接成本（Kurt Salmon Asociation，1993）。因此，DPP不能整合到分销商的业务子系统中去，只适用于杂货行业，对于其他分销业务领域很难运用，并且它还需要建立相对完善的物质活动数据库（Emst and Yong，1994）。

所有权成本分析是一种致力于理解从特定供应商购买特定产品或服务所产生的相关成本的分析工具（Lisa M. Ellram，1998）。L. Carr和C. D. Ittner（1992）将所有权成本定义为“是一种决定从上游供应商获取相应产品和服务，并进行使用而产生的所有成本”。这种分析方法认为首先需将企业流程的重要因素进行分类，然后把每一个因素转化为成本要素，最后计算单位总成本。企业需要分析企业流程内引起成本发生的作业活动，识别哪些活动增加价值，哪些不增加，从而进一步分析增加采购产品或服务的成本的活动，再识别作业的真正成本，而不是作业活动的外部支付表现的成本。也就是说，所有与需求、使用和维修相关的成本都需要考虑，而不仅限于采购价格。具体来说，所有权成本包括了交易前、交易中和交易后所发生的所有活动成本，如图2-4所示。应该指出的是，所有权成本方法尽管提供了农产品供应链中某个参与主体流通成本的精确信息，但却没能提供整个供应链成本信息，失去了对整个供应链成本进行平衡的可能性。

生命周期成本是指从产品投资阶段就开始考虑产品生命周期内所有环节（包括投资、设计、供应、生产、销售以及回收等）所发生的成本，以达到改进产品设计、减少设计变动、降低成本和缩短产品上市时间的目的。因此，采用生命周期成本分析就是对产品生命周期内所有发生费用环节都要通过各种管理技术和方法，实施有效成本控制。

以上成本分析方法，既为本书合理分析农产品流通链成本的构成提供了参考依据，也为有效管理与控制农产品流通链成本提供了方法基础。

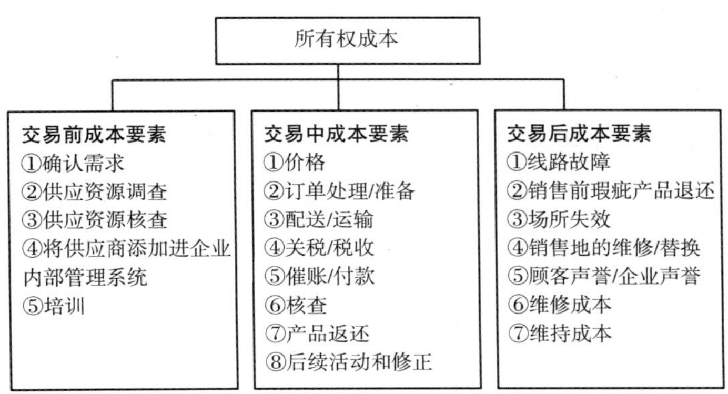

图 2－4　所有权成本构成

资料来源：Micheel Leenders and Harold Fearon, Purchasing and Supply Chain Management, 11ed. (Chicago, IL: Irwin, 1997), P. 334.

2.2.4 农产品流通政策

农产品流通政策直接作用于农产品流通业的发展，包括流通渠道的改善与创新、流通基础设施的完善、信息技术在农产品流通中的应用、流通体制费用的减免、农产品市场价格的调控等，进而深刻影响着农产品价格和农产品流通链相关参与主体的利益分配，是农产品流通的重要治理途径。为此，近年来，围绕农产品流通问题，国家频繁出台相关政策支持农产品流通业的发展。具体来看，主要涉及以下内容。

（1）降低农产品流通体制要素费用。

近年来，由于人工成本、房屋租赁成本等农产品流通环节要素成本的不断上升，再加上流通环节的税费、市场服务费、路桥费等体制性费用负担较重，给本就居高不下的农产品流通成本进一步增加了降低的难度。基于此，国家出台一系列政策[①]给农产品流通费用减负，包括减免相关流通主体增值税、降低农产品生产与流通环节的用电用水价格、规范并降低农产品相关专业市场收费、一定期限内减免农产品专业市场的土地使用和房产税、实行绿色通道减免路桥费；等等。

（2）鼓励农产品流通方式创新。

针对近年来一些农产品流通方式出现产生的成效，国家对相应农产品流通模式的创新出台相关政策予以鼓励和支持[②]。包括应用“互联网+”搭建产销对接平台；大力发展农超对接、农批对接等新型流通方式；鼓励支持农产品流通企业实施供应链管理策略，使其业务向农产品供应链的前端和后端延伸；统筹农产品集散地、销地、产地批发市场发展与建设，着力搭建产销一体化的流通链条；鼓励农产品批发市场开展现代交易方式等。总体上看，就是通过鼓励农产品流通方式创新来有效搭建农产品的产销对接平台。

（3）鼓励农产品流通中信息技术应用。

农产品流通中的信息技术应用，能有效降低农产品流通成本，提高流通效率。为此国家出台多项措施鼓励农产品流通过程中的信息技术应

---

① 如2012年，财政部、国家税务总局发布《关于免征蔬菜流通环节增值税有关问题的通知》、2012年国务院印发《国务院关于深化流通体制改革加快流通产业发展的意见》、2013年国务院印发《降低流通费用提高流通效率综合工作方案》等都提出了降低农产品流通费用的指导性意见。

② 如2012年中共中央与国务院印发《关于加快推进农业科技创新持续增强农产品供给保障能力的若干意见》专设一条支持“创新农产品流通方式”；其他如2012年印发：国务院《关于深化流通体制改革加快流通产业发展的意见》、国务院办公厅《关于加强鲜活农产品流通体系建设的意见（2012）》、农业部《关于贯彻〈国务院办公厅关于促进物流业健康发展政策措施的意见〉的通知》、商务部《关于加快推进鲜活农产品流通创新指导意见》等都对农产品流通方式创新提出了相应支持与指导意见。

用，全面提升农产品流通的信息化水平①。包括鼓励农产品龙头企业对物联网的研发与应用、农产品流通领域公共信息平台的建设与应用、应用现代信息技术改造升级传统流通方式、农产品流通参与主体与信息技术服务商合作；等等。

（4）加强农产品流通的基础设施建设和布局优化。

考虑到农产品具有准公共物品的属性，农产品流通基础设施建设与布局带有公益性性质，近些年，国家出台了系列政策来统筹规划并支持农产品流通设施建设与布局②。如加强生鲜或鲜活农产品流通中的冷链建设，推进包含公益性网点在内的农产品流通网点建设布局与优化，改造升级全国或区域性的骨干流通节点（如大型农产品批发市场）建设，完善农产品流通网络的城乡覆盖；等等。

（5）加强农产品流通主体建设。

农产品流通主体的建设程度，如流通的组织化程度、流通主体竞争力、核心流通主体对流通链的整合能力等，在很大程度上会影响到农产品的流通效率与效益。为此，支持流通主体的建设成为近年来我国农产品流通政策重点关注的内容③。如相关政策提出要支持培育大型农产品流通企业，提升中小微型农产品流通企业的专业化、特色化的服务能力，通过支持专业服务机构发展等措施来健全农产品流通业

---

① 如2012年中共中央《关于加快推进农业科技创新持续增强农产品供给保障能力的若干意见》、国务院《关于支持农业产业化龙头企业发展的意见》等都对农产品流通领域信息技术应用提出了相应指导意见。

② 相应政策见2012年中共中央与国务院印发《关于加快推进农业科技创新持续增强农产品供给保障能力的若干意见》、国务院《关于深化流通体制改革加快流通产业发展的意见（2012）》、2011年国务院发布《关于加强鲜活农产品流通体系建设的意见》等。

③ 相应政策内容可见：国务院《关于深化流通体制改革加快流通产业发展的意见（2012）》《关于开展农村流通领域科技特派员创业行动的意见（2012）》、国家发展改革委等12个部委联合下发的《关于鼓励和引导民间投资进入物流领域的实施意见（2012）》、商务部《关于鼓励和引导民间资本进入商贸流通领域的实施意见（2012）》等。

配套服务体系；加强农村专业合作社的发展，并重视对流通主体建设发展相应科技人才的培养与应用；鼓励民间资本参与农产品流通主体建设；等等。

（6）农产品质量安全。

基于近年来频发的农产品质量安全事故，严重挫伤消费者对食品安全的信心的现状，农产品流通相关政策进一步强化了对农产品质量安全的监管体系建设①。具体来说，包括农产品产地环境监测与管理、农产品生产投入品的监督与监管、农产品生产行为的规范化管理、农产品流通环节的监管、农产品的产地准出制度与农产品质量的追溯制度、农产品质量安全风险的监测与评估、农产品质量安全的监管执法与惩罚等。

（7）市场调控政策。

农产品的价格波动关乎广大农户与消费者的利益。近年来，我国农产品价格上涨与波动呈加剧并行推进趋势。这不仅对农产品的供应产生重大影响，并且还会对农民增收及低收入者产生严重的负面效应。基于此，国家在农产品流通政策中，一直将农产品市场政策完善作为主要内容②。具体来说，包括健全农产品价格稳定机制、完善重要农产品的储备制度、建立并完善农产品市场的监测与预警制度；等等。

---

① 相关政策内容可见：国务院《关于地方改革完善食品药品监督管理体制的指导意见》、国务院办公厅《关于加强农产品质量安全监管工作的通知》、农业部《关于加强农产品质量安全全程监管的意见》等。

② 相关政策内容可见2012年中共中央《关于加快推进农业科技创新持续增强农产品供给保障能力的若干意见》、国务院《关于深化流通体制改革加快流通产业发展的意见（2012）》、国务院办公厅《关于促进生猪生产平稳健康持续发展防止市场供应和价格大幅波动的通知（2011）》、农业部办公厅《关于进一步加强产销衔接保障农产品市场稳定的通知（2011）》等。

2.3　农产品流通相关利益主体分析

对农产品流通链成本与质量进行有效控制，构建高效的农产品流通体系，系统分析农产品流通相关利益主体，把握相关主体的关系、职能、利益冲突等是非常必要的。

2.3.1　农产品流通体系利益相关者界定

农产品流通体系利益相关者可界定为影响农产品流通体系的建设和运作或受到农产品流通体系影响的群体或个人。

本书通过前期综合调研，结合现有国内相关研究文献成果，可确定我国农产品流通体系利益相关者包括政府、农户、龙产品龙头企业、农产品流通企业、农村合作经济组织、农产品物流协会等。各个相关者之间的影响力与利益关系如表 2－1 所示。基于表 2－1 的农产品流通各参与主体的影响力与利益关系矩阵模型，可将我国农产品流通核心利益相关者确定为政府、农产品龙头企业、合作社、农户、经销商、农产品流通相关企业；农产品流通的关联利益相关者为农产品物流协会、其他非政府组织、消费者等。基于此，后续将对产品流通核心利益相关者之间的关系、职能、利益诉求及利益冲突进行分析。

表 2－1　影响力与利益关系矩阵模型

	低影响力	高影响力
低利益	农产品物流协会、其他非政府组织	政府部门
高利益	消费者	农产品龙头企业、农户、农产品流通企业、合作社

2.3.2 农产品流通主体职能及利益诉求

(1) 政府的职能与利益诉求。

为进一步完善政府在农产品现代流通发展中的功能，政府需要做好政策法规和标准的制定、发展规划、市场主体培育和投资四种作用。

政策法规、标准的制定者。农产品现代流通业的健康发展，需要政策法规的制约和指导，而这正是政府应当承担的功能，通过相应政策法规的制定来规范农产品流通参与者的市场行为。同时，政府应构建农产品流通的技术标准和服务规范标准，以利于农产品流通规范化、高效化，提高服务质量和效率。

发展规划制定者。农产品流通体系建设需要政府的宏观统筹规划，通过有效的规划，以促进社会化的农产品流通网络和健康有序的农产品流通市场环境的形成。

农产品流通市场培育者。政府应遵循客观经济规律，运用市场力量（改制、上市、兼并、联合、重组等多种形式）来培育和发展具有优势的农产品流通市场主体，以应对激烈的市场竞争。维护市场的公平竞争秩序，监督法规的执行情况，形成流通市场的参与者各司其职、合理有序的局面。

基础设施投资者。完善的流通基础设施是现代农产品流通发展不可缺少的物质基础，考虑到农产品的准公共物品的属性，政府在农产品流通基础设施的投资中应当承担主要责任。

同时要注意的是，尽管政府在农产品流通中发挥着积极的作用，农产品的准公共物品属性决定了农产品的流通需要政府的适当介入与干预，但要明确政府功能的边界。具体来说：政府的干预以不对其他流通主体的要素资源的产权侵害为限；对农产品流通环境的干预以不打破交易市场化机制为限；对流通市场的干预以不破坏市场化交易为限。

（2）流通企业的职能与利益诉求。

流通企业承担着农产品生产与消费的桥梁，是农产品流通过程中不可缺少的参与主体。经过多年的发展，我国农产品流通企业的发展形态也在不断变化，如近年来出现了各种撮合农产品交易的平台型企业就是形态演变的典型；在流通中的职能也在不断提升，如通过搭建平台更有效地使农产品的产销进行对接。但不可否认的是，流通企业在农产品的现代流通中发挥的职能还不够，小农户生产与大市场的矛盾仍然存在。基于此，流通企业的利益诉求主要表现在：希望政府给予良好的发展环境、相应的政策扶持与帮助，为农产品流通龙头企业搭建平台，如农产品产供销一体化流通链平台；同时也希望政府能帮助流通企业形成农产品供应链的前端与后端的延伸，提升农产品流通一体化程度。

（3）农村合作经济组织的职能与利益诉求。

农村合作经济组织（以农民专业协会和农村中介组织为主）在农产品流通和生产中的作用不容低估，这点可由发达国家农产品流通发展的实践证明。通过农村合作经济组织可增强农户生产的组织化程度；提升分散小农户的谈判能力，降低生产经营风险；提高农户生产与市场的对接，进而提升农产品的流通效率。

农村合作经济组织的利益诉求与流通企业类似，希望在政府政策扶持和指导下，健全农村经济合作组织的结构，在一定的监管下规范其经营行为；加大对农村合作经济组织的人才、技术的培训力度；等等 。以此提升农村合作经济组织在农产品流通中的服务能力。

2.3.3　农产品流通中各主体之间的关系分析

（1）农产品流通企业与农村合作经济组织关系分析。

农产品流通企业和农村合作经济组织合作发展的优势明显。通过农村合作经济组织，农产品流通企业可以降低其交易成本，提高其效益；同时，农户可通过农村合作经济组织增强其与农产品流通企业的谈判能力，维护其权益、降低流通成本，增加收益。在农产品流通实践中，“企业 + 合作经济组织 + 农户”“企业 + 合作组织”等合作形式的出现是其合作成效最好的体现。

当然，由于目前我国农村合作经济组织规模普遍小、管理和运作有待规范；流通企业的自身能力有待增强，包括面对市场的能力、流通功能整合的能力等原因；使得他们在合作的过程中面临不稳定的因素，这种不稳定因素会导致当面临市场风险时，农产品流通企业和农户之间的违约可能性增大。

但不可否认的是，农产品流通企业与农村合作经济组织的合作有利于流通效率的提升，应大力鼓励他们之间合作方式的创新，其关键是积极探索他们之间有效的合作机制。

（2）政府与农产品流通企业关系分析。

为提升农产品流通效率，政府强化其宏观政策制定者和监督执行者的角色，在宏观层面上对农产品流通业发展进行规划、引导和协调，为农产品流通企业发展营造良好的外部环境。同时支持鼓励作为农产品流通微观运作主体——流通企业探索发展现代农产品流通的有效途径，包括农超对接、流通企业开展纵向一体化的延伸（如农产品流通的基地模式）等。另外，考虑到农产品流通体系中部分环节的公益性特点，政府可通过多种形式介入，承担公益性服务角色。

（3）政府与农村合作经济组织关系分析。

对于政府主导的农村合作经济组织——供销合作社，应进一步深化改革，通过解决当前存在的经营机制不活、为农服务功能不强等问题，强化其在农产品现代流通中的功能发挥。对于农民自发成立的农村合作经济组织，可从两层面进行培育：一是为其发展创造良好的外部环境；

二是规范并健全其内部运行机制。

在培育合作经济组织的过程中，应遵循稳步发展原则，通过示范试点、总结经验的方式，逐步推开、稳步发展，发动农户参与合作经济组织的积极性。

2.3.4 农产品流通相关参与者的利益冲突表现

（1）政府与农产品流通企业之间的冲突。

农产品流通企业在实际运作过程中，可能会面对自身利益与农产品具有公共物品属性的冲突。如流通企业作为微观经营主体，追求自身利益的最大化而忽视农产品的公共物品属性特征，具体表现为农产品的囤积与加价行为导致农产品市场价格波动加剧、节省成本导致农产品流通过程中的质量安全保障措施不力等。

当农产品流通企业对农产品流通产生负面影响时，政府将会实施一定的干预措施来对其进行约束和管制，结果是农产品流通企业微观主体效益最大化与政府基于社会效益对具有公共物品属性的农产品流通进行干预产生利益冲突。调研中也发现，农产品流通企业希望得到政府重视，并得到各方面的支持；而政府资源有限，同时政府部门必须投入其有限资源到公益性部分，如发展田头市场、公益性批发市场等。

（2）政府与农户之间的冲突。

政府与农户之间的冲突主要体现在政府功能的错位和缺位。一方面是政府对农户生产行为的干预过度。通过调研发现，典型如政府以行政干预手段要求农户生产其指定的具有地方区域特色的农产品，结果往往是生产行为违背市场需求规律，导致农产品销售不畅或农产品压价销售，农户利益受损。另一方面是本应由政府承担的功能却缺位。通过调研发现，典型如应由政府承担主要责任的农产品市场信息平台、农产品流通基础设施的建设与完善、相关农产品生产标准的统一等却往往不到位或缺位。

（3）农户与农村合作经济组织之间的冲突。

两者之间的冲突主要原因是目前农村合作经济组织发展不完善，不能充分发挥其对接市场作用。农民作为单个分散主体，存在与市场对接难、交易不确定性、交易成本高等问题。在主体规模、信息不对称的条件下，农户与上游农村合作经济组织（企业）之间存在矛盾和冲突，不利于农产品流通体系的建设。

2.4 本章小结

本章就与本书研究相关的概念、学科基础进行界定与分析总结。首先，对农产品流通、农产品流通模式、农产品流通成本、农产品质量的内涵进行界定。其次，对相关的理论基础进行总结与分析，具体包括交易成本理论、价值链管理理论、流通成本管理方法、农产品流通政策。其中，交易成本理论是农产品流通体系研究的前提，即信息获取来源。再次，农产品流通的过程也是一条增值链产生的过程，其增值链的分析离不开价值链理论的指导，并且农产品增值链的产生过程也是对其流通成本进行控制的过程，进而系统梳理流通成本分析与管理的相关方法；当然，农产品流通过程中，离不开政府的治理，从而对农产品流通政策进行分析与梳理。最后，对农产品流通相关主体进行分析，主要是考虑到构建高效的农产品流通体系，进而服务于农产品流通链成本与质量的管理控制，需要对农产品流通相关利益主体进行系统分析。本章所述思想、方法为本书后续研究的展开奠定了理论依据。

第3章　农产品流通相关主体成本与利益匹配

——基于江西典型农产品调查

为深入分析农产品流通过程中各参与主体的成本与利益匹配情况，课题组以江西为例，选择具有代表性的两种典型农产品，赣南脐橙与九江水产品进行实地调研，以期掌握农产品流通过程中各参与主体的成本、加价行为、利润、成本利润率、流通价值链增值情况等，进而发现农产品流通过程中普遍存在的问题，寻求流通成本控制的视角与途径。

3.1　赣南脐橙与九江水产品流通模式现状

分析赣南脐橙与九江水产品的流通模式现状，其目的是要分析不同流通模式下的农产品价格形成、成本构成、价值增值和利润分配状况。

3.1.1　赣南脐橙流通模式

（1）赣南脐橙产业概况。

赣州市20世纪70年代开始试种脐橙，其脐橙种植生产条件优越，全市适宜柑橘种植区域30万公顷，是中国最适宜脐橙种植的地区之一。

赣南脐橙是江西省最具特色的农产品，先后荣获多种荣誉称号，如“国优产品”“中华名果”、农业部“优质农产品”“优质果品”等。近年来，赣南脐橙的产业规模不断扩大，如图3-1所示。

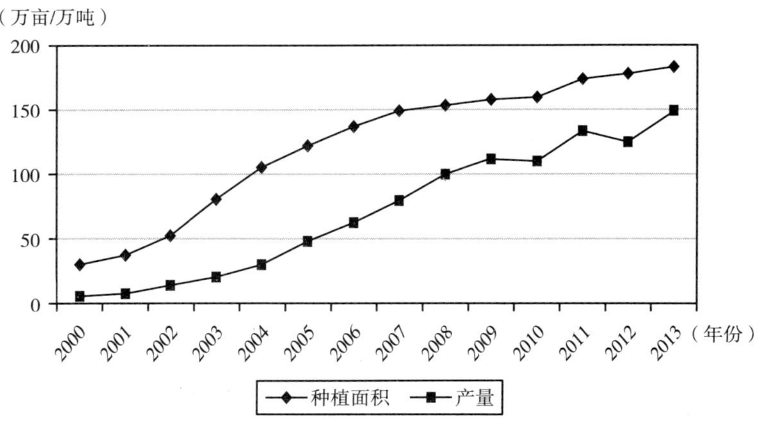

图3-1 2000~2013年赣南脐橙种植面积及产量

2011年脐橙种植面积达174万亩，产量达133万吨。2012年脐橙种植面积达178万亩，产量125万吨。2013年脐橙种植面积达183万亩，产量150万吨，占全国脐橙总产量约70%。目前脐橙种植面积世界第一，年产量世界第三。同时，赣南脐橙产业的发展还带动了系列配套产业的发展，如农业生产资料、脐橙采后的商品化处理、加工与包装、运输、休闲旅游等。

（2）赣南脐橙流通现状。

赣州市围绕构建脐橙产业的大流通格局，坚持“一个产地县（市、区）对接一个销售区域”的原则来搭建流通体系，目前赣南脐橙销售网络已经遍布国内所有省会城市、80%以上地级市和县级市市场，并远销至俄罗斯、新加坡等20多个国家和地区。根据实际调研，总体上赣南脐橙流通的模式如图3-2所示。

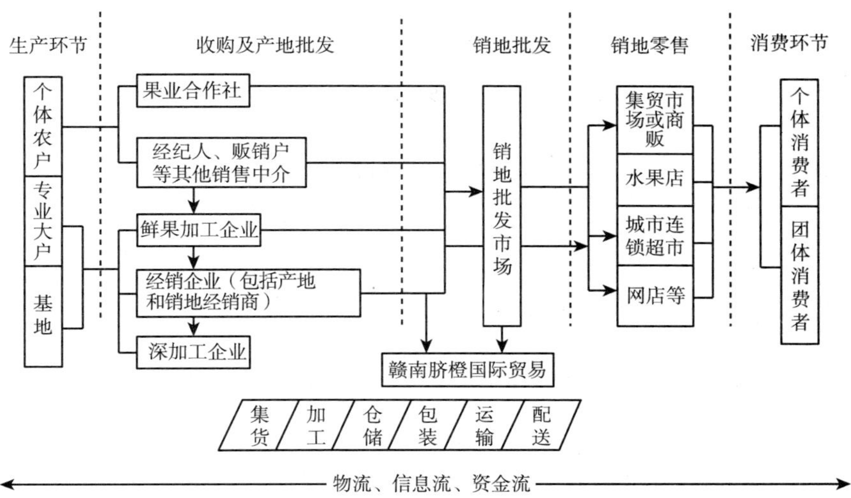

图3-2 赣南脐橙流通模式

基于图3-2的流通形式，赣南脐橙在市场流通过程中，政府在以下几个方面积极开展相应工作：

一是开拓国际市场。大力申报建设出口基地，完善和优化对出口加工企业监管与服务。明确国际市场开拓主攻方向，在巩固传统市场的基础上，积极拓展新兴市场，不断扩大赣南脐橙的出口量。

二是着力搭建现代营销平台。包括建设具备现货交易、仓储配送、信息采集等功能的国家级赣南脐橙专业市场，构建果品批发营销平台；推广从农资供应、技术推广、果品加工到市场营销一体化运作的新模式，构建“农超对接”“基地直采”直销平台。同时发展直采、直销、网上销售等新型营销交易方式。

三是加强对“赣南脐橙”品牌的宣传和保护，打造品牌效应。采取举办大型节会活动，加大电视媒体、网络媒体和平面媒体广告宣传力度，开展主攻城市户外广告宣传，参加各种农产品推介会等方式，不断扩大“赣南脐橙”品牌的知晓度和影响力。

同时，根据课题组的调研，目前赣南脐橙流通中的各参与主体，主要包括农户、个体贩销户、经纪人、批发商、产地经销企业、销地经销企业、零售商等，基于图3－2归纳的赣南脐橙流通模式，其主要流通渠道类型可总结为如表3－1所示的六种形式。

表3－1　赣南脐橙流通渠道类型

流通类型	流通主体构成
类型一	农户（中介）（合作社）—产地经销商—销地经销商—零售商—消费者
类型二	农户（中介）（合作社）—经销商—零售商—消费者
类型三	农户（中介）（合作社）—零售商—消费者
类型四	农户（中介）（合作社）—产地经销商—大客户
网络销售方式	
类型五	农户（中介）（合作社）—消费者
类型六	农户（中介）（合作社）—经销商—消费者

本章对不同流通模式下的赣南脐橙的流通成本及相关参与主体的利益匹配的调查，其研究的范畴也不会超过表3－1的六种模式。

3.1.2 九江水产品流通模式

(1) 九江水产品产业概况。

2015年江西全省开发水面13.33万公顷，养殖面积达到50万公顷；水产品产量达到300万吨；渔业经济总产值达到1000亿元。九江市总水面达到33.01万公顷，可养水面10万公顷。2012年已养水面8.02万公顷，水产品总量39.71万吨（其中养殖产量33.67万吨），水产品加工总量为4.35万吨，是江西水产品核心产区之一。

近年来，九江市加快由传统渔业向现代渔业的转变速度，水产业发展规模和效益日益突出。就鱼类品类而言，九江市目前生产的鱼类有109种，除四大家鱼外，名贵水产品小龙虾、青虾、河蟹、彭泽鲫、鳜鱼、中华鲟、鮰鱼、虾虎鱼、中华绒螯蟹等亦形成规模。市场交易的主要产品品类有活鲜常规水产品、活鲜特种水产品、冻鲜水产品和加工水产品。经过数年发展，九江水产业已基本形成从良种繁育、规模化养殖、水产流通、加工及零售（出口）的完整产业链雏形，成为九江市最具发展潜力的农业特色优势产业之一，也是农民脱贫致富奔小康的重要支柱产业之一。

据九江市统计局相关数据，2015 年九江市各县（区）的水产品主要流向为本地农贸市场、省内及省外市场。其中 31. 16% 的水产品直接进入省内市场；直接进入省外市场的水产品，占比 25. 50%；进入本地市场的水产品占到九江市水产总产量的 25. 41%；另外 10. 70% 的水产品直接进入了加工企业。

（2）九江水产品流通现状。

课题组根据历年数据，发现四大家鱼为九江市水产养殖的主要水产品和典型水产品，基于此，我们重点以四大家鱼为研究对象调查九江水产品的流通模式。

就调研的实际情况来看，目前九江市四大家鱼的流通模式主要有以下三种，如图 3 – 3 所示。

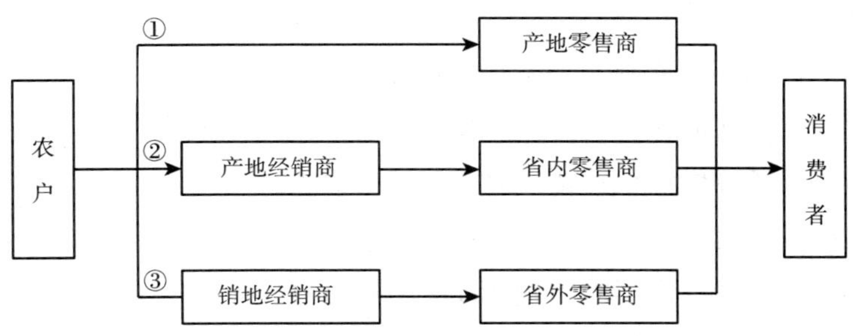

图 3 – 3　九江市常规活鲜水产流通模式

模式一，即农户—产地零售商—消费者，主要由农户自行运输水产并卖给当地的零售终端（农贸市场、超市等），再由零售终端将水产销售给最终消费者。

模式二，即农户—产地经销商—省内零售商—消费者，主要由产地的经销商自行从农户水产养殖地采购水产，并自行组织短途运输到南昌等江西省内区域进一步销售给零售终端（农贸市场、超市等）或酒店等大规模消费主体。当然，该模式下也存在部分农户自行组织水产运输的情况。

模式三，即农户—销地经销商—省外零售商—消费者，主要由外地（外省）经销商自行从农户水产养殖地采购水产，并自行组织长途运输到外地，将水产批发给外地的零售终端（农贸市场、超市等）或酒店等大规模消费主体。

3.2 赣南脐橙流通相关主体成本与利益匹配调查

3.2.1 调查设计

为了考察赣南脐橙流通相关主体成本与利益匹配情况，本书的调查对象涉及流通中的各参与主体，包括果农、合作社、经纪人、加工企业、产地经销商（企业）、销地批发商、零售商等。同时就赣南脐橙生产流通中的现实问题对当地涉农相关政府部门人员和农产品流通组织的负责人进行了详细访谈。调研对象的选择出发点是基本涵盖多种赣南脐橙流通模式，这主要是基于难以通过公开的统计数据来获得不同流通模式下相关微观经营主体的各种详细资料的考虑。集中进行了脐橙种植户调查，同时对流通价值链中的其他主体进行了访谈和问卷调查。种植户调查采取分层随机抽样的方式，具体抽取户数情况见表3－2。调研对象基本涵盖了表3－1所示六种主要农产品流通模式。在考虑不同流通模式样本分布的时候，为了更加清晰地分析当前主要价值链模式的绩效，所以调研向农户和经销商有适当的倾斜。

表 3 – 2　　　　赣南脐橙果农调研样本

样本县	样本乡镇	样本村（个）	样本农户数（户）
寻乌县	澄江镇	3	60
	罗塘乡	2	20
	长宁镇	1	10
安远县	车头镇	2	20
	孔田镇	2	20
合计	5	10	130

课题组通过试调查之后，最终形成了本研究的问卷，通过问卷调查员与受访对象进行面对面访谈来获取第一手资料。为顺利实现研究目标，并考虑调研的可行性，具体问卷调查对象及问卷主要内容如表 3 – 3 所示。

表 3 – 3　　　　调查对象及内容

调查问卷类型号	调研对象	主要调研内容
1	农户	农户特征： 年龄、文化程度、家庭收入情况、非农收入情况、从业年限等。 生产情况： 种植土地来源、种植面积、单位种植面积收入与投入成本（包括哪些成本，各种成本分别是多少）、产品质量、风险应对措施（包括自然风险、市场风险）等。 销售情况： 通过哪些销售渠道销售、主要的销往市场、各销售渠道的销售量，销售时机选择，销售成本与收益（包括销售价格，是否有简单包装与加工、产品是否有储存、如有其成本花费情况），产品损耗等。 其他： 加入农业专业化组织情况，投入品、市场及价格信息获取情况，生产过程的指导、培训及技术应用情况，货款的支付及运作资金情况，政府有何补贴政策，品质检验及溯源情况，物流服务供应情况等。

续表

调查问卷类型号	调研对象	主要调研内容
2	经销商 （产地、销地）	经销商基本信息： 年龄、文化程度、从业年限等 采购销售情况： 采购价格与数量、采购发生的主要费用、主要销售渠道与市场、各销售渠道的销售量与销售价格、成本利润率、产品库存情况、损耗情况等 其他： 交易过程中的物流情况、交易方式、交易货款支付情况、市场相关信息获取情况、日常运营面临的问题等
3	零售商 （产地、省内、省外）	经销商基本信息： 年龄、文化程度、从业年限等 采购销售情况： 主要采购方式、采购价格、零售价格、销售量、日常经营发生费用等 其他： 与上级交易商的交易方式、交易过程中的物流情况、损耗情况，交易货款支付情况，市场相关信息获取情况，日常运营面临的问题等

3.2.2 赣南脐橙流通链各环节分析

（1）果农生产环节。

根据调查数据分析，果农基本特征如表 3－4 所示。可以看出，果农的户主年龄 40 岁以下比例为 9%，40 岁以上比例为 91%；种植户普遍受教育程度不高，户主的文化程度集中在初中及初中以下学历，占总体比例的 70%。调研样本的平均脐橙种植面积为 16.08 亩，具体来看，大部分果农种植面积在 10～20 亩规模，占总数的 45%；其次是种植面积在 10 亩以下的果农，占总数的 35%，种植 21 亩以上的农户数仅占 20%。脐橙种植户销售脐橙的收入在调研区域内占农业总收入的 57%，占家庭总收入的 46%。

表 3-4　　　　　果农调研对象基本特征

<table>
<tr><td colspan="2">户主年龄</td><td colspan="3">受教育程度</td><td colspan="3">果园面积</td><td colspan="2">土地来源</td></tr>
<tr><td>40 岁以下（%）</td><td>40 岁以上（%）</td><td>初中以下（%）</td><td>初中（%）</td><td>高中及以上（%）</td><td>10 亩以下</td><td>10～20 亩</td><td>21 亩以上</td><td>自有（%）</td><td>租赁（%）</td></tr>
<tr><td>9</td><td>91</td><td>35</td><td>35</td><td>30</td><td>35</td><td>45</td><td>20</td><td>44</td><td>56</td></tr>
<tr><td colspan="3">种植脐橙年限</td><td colspan="2">农产品流通组织参与</td><td colspan="2">收入平均占比</td><td colspan="3"></td></tr>
<tr><td>5（%）</td><td>5～10（%）</td><td>10 年以上（%）</td><td>参与（%）</td><td>未参与（%）</td><td>脐橙收入占农业总收入（%）</td><td>脐橙收入占家庭收入（%）</td><td colspan="3">参与非农务工户数（%）</td></tr>
<tr><td>0</td><td>32</td><td>68</td><td>31</td><td>69</td><td>57</td><td>46</td><td colspan="3">63</td></tr>
</table>

资料来源：根据脐橙种植户调查数据整理。

从投入成本看，其相关费用主要包括物质投入费用和用工费用，并且单位面积的赣南脐橙投入成本呈现出逐年递增的趋势。根据调查数据整理，2013～2015 年单位面积（667m^2）的各项投入情况如表 3-5 所示。

表 3-5　　　调研区域赣南脐橙种植户单位面积（667m^2）各项投入构成表

单位：元

投入项目		生产产季		
		2013 年	2014 年	2015 年
物资投入费用	化肥投入	889	964	1103
	农家肥投入	31	343	50
	农药投入	372	384	400
	机械和材料物资费用	94	94	97
物资成本合计		1686	1785	1950
用工成本	管理用工费用	472	546	614
	采摘用工费用	257	274	309
人工成本合计		729	820	923
总成本		2415	2605	2800

资料来源：根据调研数据整理所得。

从新技术应用看，果农采用新技术比例中，病虫害防治 > 施肥技术 > 品种改良及栽培；关注新技术中，病虫害防治 > 品种改良及栽培 > 施肥技术，如表 3 -6 所示。

表 3 -6　　　　果农近年来新技术应用情况

种类	最近 5 年采用的新技术比例（%）			最关注新技术比例（%）		
	安远县	寻乌县	均值	安远县	寻乌县	均值
品种改良及栽培	14	44	29	42	17	29. 5
病虫害防治	82	88	85	86	94	90
施肥技术	60	56	58	23	12	17. 5
农机使用技术	10	38	24	9	1	5
产后加工技术	20	28	24	10	6	8

资料来源：根据调研计算。

（2）果农销售环节。

表 3 -7 显示了果农赣南脐橙总体销售情况。2013 ~2015 年，户均每年销售 26982 公斤，平均售价为 2. 73 元/公斤，所售赣南脐橙中有 94. 17% 是鲜果，只有 5. 83% 是贮藏果。贮藏果销售比例低的原因主要在于没有储存设施。

表 3 -7　　　　2013 ~2015 年农户赣南脐橙总体销售情况

年份	销售数量	销售比例（%）		销售价格	现款交易
	（公斤/户）	鲜果	贮藏果	（元/公斤）	（%）
2013	24417	93. 5	6. 5	2. 70	100%
2014	28682	96. 6	3. 4	2. 77	100%
2015	27846	92. 4	7. 6	2. 72	100%
平均	26982	94. 17	5. 83	2. 73	100%

资料来源：根据调研计算。

表3-8显示了赣南脐橙果农市场参与方式选择情况。总体而言，82.5%比例选择出售给经纪人与经销商，9.5%的比例直接出售给当地果业公司，14.5%的农户比例经由农民专业合作社出售，8%的农户直接出售给消费者。农户将脐橙出售给两个以上的买家比例较低，仅有15%的。就不同组别对比来看，农村生产的脐橙经由农民专业合作社出售的比例较少，其原因是合作社所起作用较为松散，果农按照市场行情选择价格更高的销售对象。

表3-8　农户赣南脐橙销售市场参与方式情况　单位:%

调研对象	不出售	经纪人与经销商	果业公司（直接）	农民专业合作社	消费者	卖给两个以上买家
寻乌县	0	81	11	13	10	13
安远县	0	84	8	16	6	17
均值	0	82.5	9.5	14.5	8	15

资料来源：根据调研计算。

表3-8中的经纪人指的是只收取交易佣金的批发商，经销商指的是那些外地和本地的经销商（除本地果业公司外）。果农销售脐橙的渠道主要是经销商通过经纪人上门进行田间收购，也有少部分果农选择前往销地批发市场或集贸市场销售，这部分果农其本身产量较大。少部分果农利用其简易设施存储脐橙或利用天气好的因素将脐橙采摘日期推后来延迟销售，以获得更好的销售价格。

果农直接销售给消费者主要通过两个渠道，一是有相关的团购信息，这部分果农基本是属于单位公职人员从事赣南脐橙生产；二是部分掌握网络销售方法的农户，通过淘宝等网上交易平台进行销售，该渠道是近几年随着网购的兴起而发展起来，规模和数量依然偏小。上述两个渠道的物流通常采用快递等方式，物流成本较高，但由于其售价较高，同时免除了中间的各个环节的成本，其利润率仍然高于其他销售方式。

根据赣南脐橙果农的脐橙销售价格、农资投入（化肥、农药等）、用工成本和土地成本，可得出农户销售赣南脐橙的净利润（见表3－9，为便于计算，本表土地单位面积用“亩”）。土地成本采用租赁的价格成本，在调研中发现，大部分种植面积较大的果农是早年签订土地承包或租赁合同，土地成本价格较低，并且随租赁地点不同价格相差较大，本次调研对象的平均价格为每亩255元/年，该价格为长期不变。为评价投入成本，统一采用土地租赁价格。就调研对象而言，种植规模大的果农的销售利润大于种植规模小的果农，主要原因是在成本上具有规模优势，同时信息渠道更多及销售价格更高。

表3－9　　2013～2015年赣南脐橙农户净利润　　单位：元/亩

年份	农资投入（元/亩）	人工投入（元/亩）	土地成本（元/亩）	销售毛利润（元/亩）	净利润（元/亩）	净利润（元/公斤）	成本利率（%）
2013	1686	729	255	3307.5	637.5	0.52	23.88
2014	1785	820	255	4238.1	1378.1	0.90	48.18
2015	1950	923	255	5052.4	1924.4	1.03	45.5
均值	1807	824	255	4199.3	1313.3	0.816	39.18

资料来源：根据调研计算。

（3）产地销售批发环节。

赣南脐橙产业流通链中的市场主体具有多元化的特点，其中经纪人、专业合作社、经销商、果品公司等在赣南脐橙产业价值链中也较为活跃，起着重要的作用。

①经纪人。赣南脐橙种植分布区域广泛，经营主体分散，如此格局降低了果农的交易效率，由此赣南脐橙的相关经纪人应运而生。通过访谈调查，这些经纪人一般是村中能力较强的人，如村干部、种植大户兼做经纪人，他们熟悉当地赣南脐橙生产的相关信息，同时在与客户长期合作的过程中也拥有更多的销售渠道与信息。通过经纪人销售赣南脐橙，发挥了对分散果农生产的赣南脐橙进行集中之后再销售的功能，也提高了分散果农的交易谈判能力。总体上，经纪人主要是通过为相关客

商收购赣南脐橙提供信息、组织货源与包装等服务来收取交易佣金，并不承担经营损失；与赣南脐橙品种、等级和收购（对于客商来说）价格没有关系，其本身不需要承担经营风险，但利润较低，平均每公斤大约为0.06～0.07元。

②合作社。由于在实际调查过程中，发现尽管产地存在合作社，但形成具有实体经营能力的单位较少。其主要功能仅是帮助果农与客商之间的联系与沟通，包括联系技术、农资等服务，并未与客商签订相关购销合同或达成相关合作意向，合作社内社员的脐橙产品销售一般不通过合作社，自行进行销售。合作社在赣南脐橙流通中并未增加相关流通成本，为此本部分未将该主体所在的环节进行重点描述。同时在调研中发现，部分在流通中起到重要作用的合作社，其本身也为果业公司，即相当于“龙头企业（果业公司）＋合作社”的形式，合作社运作形式等同于果业公司。

③经销商或果业公司。赣南脐橙产地销售批发的主体主要是从事赣南脐橙收购和销售的经销商或果业公司。本书将经销商和果业公司进行区分的依据是：果业公司大部分具有脐橙加工生产线和脐橙储存设施，而大部分经销商所收购的脐橙委托当地的加工企业进行脐橙的分拣加工，然后运输到销地进行储存及销售。经销商包括批发商、水果商贩、零售商等经济实体。

按经销商所在省份可分为本地和外地两类，两类经销商的经营方式不存在区别，主要是在赣南脐橙产业形成后，外地水果经销商为进一步缩减成本，直接到脐橙产地进行收购，然后运输到外省市进行销售。而本地经销商在收购后，通常可直接运输到外省市进行销售。上述两类经销商的经营方式事实上构成了一个有效的信息传递和引导机制，使得产地市场和销售市场之间的信息能够共享，产地市场价格与销地市场价格之间关联性非常强，能够实时反馈。

赣南脐橙产品流通过程中，其主要销售市场是大型连锁超市以及专业水果市场。大型的连锁超市如华润万家、沃尔玛、家乐福等均在产地建立起直采基地，实现脐橙的农超对接。据实际调研，各个大型连锁超市均是委托或授权当地脐橙经销企业进行收购和加工。

经销商或果业公司通过经纪人或其员工从当地乡镇的果农处采购新鲜赣南脐橙，当自身销售和储藏的数量超过当地产量时，经销商和果业公司采购范围更广，甚至可到邻近县的乡镇收购脐橙。大部分经销商或果业公司为其客户提供果品筛选和分级服务，但是只有少量的龙头企业（果业公司）在从果农处收购时进行前期分拣，提出更为严格的果品要求。大部分果农考虑次果无法销售，并不愿意进行分拣。

在向果农或中介人采购脐橙过程中，经销商（果业公司）采用的均是现款交易；但在其销售过程中，如果其销售对象为大客户（如连锁超市），经销商采取部分现款交易和部分分期收款进行交易。经销商在采购时，均给与其签署合同的农户提供定金，如果经销商违约不收购，则将付出定金代价。信贷在赣南脐橙流通体系中的作用还有待于进一步增强。

调研中得知，经销商与果业公司从果农处采购脐橙，需自备或雇用当地运输车辆到果农处收果，并将收购的脐橙运输至加工线进行分级加工与包装。整个过程涉及的物流环节和成本较多。据调研，收购及加工成本可分为以下几个大类：中介费用、选果与装车费用、运输费用、卸车费用、加工费用、包装费用、仓储费用。由于所调研的经销商或果品公司未能对整体成本进行完全分解，本项目中根据总成本及可得数据进行总体分类并整理得估算收储加工脐橙成本，如表 3－10 所示。

表 3－10　　2013～2015 年经销商收储加工脐橙成本

年份	收购费用（元/吨）	加工费用（元/吨）	包装费用（元/吨）	仓储费用（元/吨）	经纪人费用（元/吨）	加工仓储损耗率（%）
2013	120	340	300	100	70	10
2014	130	340	300	100	70	10
2015	140	340	300	100	70	10

资料来源：根据调研计算。

表 3－10 中的收购费用包括选果与装车费用、运输费用和卸车费用

等。加工仓储损耗率主要指加工过程及仓储中的总损耗，采用的是平均数据，如果仓储时间长或藏储条件不好，损耗率会相应增加，2013 年产季，由于受到贮藏技术落后、贮藏条件简陋以及天气等因素影响，部分果农和经销商的贮藏果在 3 月份以后出现大面积枯水、烂果，部分贮藏库损耗率超过 30%。根据调研实际，近几年来经销商收储加工脐橙的成本基本不变，除在收购费用中所含人工成本逐年提高。

随着赣南脐橙产业的不断发展，在政府引导和利益驱动下，许多脐橙经销商（果业公司）逐步向专业化发展，其中一个标志就是建造更加专业的脐橙存储库，包括恒温冷藏保鲜库、普通贮藏库和气调库，如此可以在收获季节采购脐橙，然后储存起来，根据市场价格进行分期销售，建立分选打蜡包装生产线按照客户需求进行果品的分拣加工，从而增加果品的售价。在调研中发现，较大规模并且具有脐橙出口业务的果业公司或经销商均具有恒温冷藏保鲜库和气调库；而较小规模或主打国内市场的果业公司或经销商大部分只具有普通贮藏库。上述现象主要原因是国外客户对脐橙的品质及对冷链物流的要求。分选打蜡包装生产线及冷藏保鲜库基础设施上的投入均较大，是经销企业的主要固定投资部分。

综合成本与收入，产地经销商成本与利润如表 3－11 所示。需要说明的是，表 3－11 中调研数据采用的是平均数据，并不代表单个企业的实际经营现状，其中的利润数据中未考虑企业的税收及管理等成本。从表 3－11 看出，经销商的毛利润呈增长趋势。

表 3－11　　2013～2015 年产地经销商成本与利润

年份	收购价格（元/吨）	收购加工费用（元/吨）	运输成本（元/吨）	运输损耗率（%）	交易价格（元/吨）	销地市场交易费用（元/吨）	毛利润（元/公斤）
2013	2700	1033	650	5	4000	100	0.71
2014	2770	1044	650	5	5600	100	0.80
2015	2720	1056	650	5	5600	100	0.84

资料来源：根据调研计算。

（4）销地批发环节。

基于对上海锦绣大地农副产品批发市场进行访谈调查，赣南脐橙销地经销商主要销售对象是传统零售商——水果店，将64%的赣南脐橙销售给传统的零售商，22%的赣南脐橙销售给超市，14%销往宾馆、饭店和医院等单位。

根据调研，脐橙经销商在批发市场均有摊位或店铺，平均每个经销商经营一个摊位。经销商每月的固定运营成本主要包括电费、店铺和仓库租金、通信费、卡车相关费用等支出。由于销地经销商还需花费雇工费用及装卸等费用成本，同时调研中无法完全调研各项分解成本，只能确定大概总体成本。相关销地经销商再销售价格参照上海蔬菜批发市场的公布价格确定，其成本收益情况如表3－12所示。

表3－12　　销地经销商成本收益情况　　单位：元/公斤

采购价格	成本	销售价格	利润
5.6	0.6	6.8元	0.6元

资料来源：根据调研计算。

（5）销地零售环节。

①赣南脐橙传统零售商（水果店）。以上海市水果店为调研对象，并随机选取10个水果店进行调查。调研发现，零售商从事赣南脐橙销售的平均年限是7年，零售商普遍雇用2～4名员工，几乎所有的零售商还销售其他农产品，经营品种涵盖居民日常食用水果品种。

水果店通过批发市场采购赣南脐橙等水果。在采购业务中，水果店均以现款的方式购买赣南脐橙。在销售与采购业务中，以现款结算。通常水果店到批发市场采购各类水果，物流运输由其自己负责。水果店的经营成本包括店铺租金、运输费用、员工费用等，具体在单位赣南脐橙上的成本无法统计。据调研，水果店中的赣南脐橙售价普遍是在其进价的基础上上浮 1 元左右，因此，其售价为 7.8 元/公斤左右。水果店的毛利率少于超市，在本书中估计为 10%。

②赣南脐橙现代零售商（超市）。超市采购赣南脐橙，由于其对产品质量的控制需要，对收购时间、分拣的等级、果品质量均会有自己的标志和要求。同时，考虑到超市的运营成本属于商业秘密，很难通过实际调查获取相关经营相关数据，因此对赣南脐橙流通链的分析，本书对超市的运营成本采用商务部所发布的超市毛利率为 12.9% 这一数值进行计算。在对上海连锁超市进行访谈调研中发现，赣南脐橙的售价和水果店中的售价基本相同，售价为 7.8 元/公斤左右，但是对于更高等级的赣南脐橙，其售价则比水果店高出 20% 以上。

3.2.3　不同模式下赣南脐橙流通各相关主体成本与利益匹配分析

(1)“农户—产地经销商—销地经销商—零售商—消费者”模式。

该类型的流通链为所调研的赣南脐橙主要的流通链，对应前述表 3-1 分析中的类型一的流通模式，通过该模式流向市场的赣南脐橙占总销售量的 60% 以上。流通链中所指的合作社是指具有实体经营能力的单位，在调研中其本身也是果业公司。对于产地中未形成具有实体经营能力的合作社并不进行详细分析，该类合作社没有增加赣南脐橙流通的成本。这主要是考虑到该类合作社的主要功能仅是帮助果农与客商之间的联系与沟通，包括联系技术、农资等服务，并未与客商签订相关购销合同或达成相关合作意向，合作社内社员的脐橙产品销售一般不通过合作社，自行进行销售。该模式下各主体成本与利益匹配情况如表 3-13 所示。其中的增值是指销售价格减去购买价格，增值比例是指赣南脐橙各环节价值增值占该条流通价值链各环节增值总和的比例，新增成本为自上一流通环节至下一流通环节中产生的流通成本。

表 3－13　　2015 年赣南脐橙价值链类型一增值结构比例构成 单位：元/公斤

类别	果农	果业公司、产地经销商（合作社）	销地经销商	零售商	
				传统零售商	现代零售商
购买价格或成本	1.69	2.72	5.6	6.8	6.8
销售均价	2.72	5.60	6.8	7.8	7.8
新增成本	0	2.04	0.6	—	—
利润	1.03	0.84	0.6	—	—
利润分配比率	32.15	26.22	18.73	10%	12.9%
增值	1.03	2.88	1.2	1	1
增值比例（%）	16.86	47.13	19.64	16.37	16.37

资料来源：根据调研计算。

根据表 3－13，产业流通链上总增值为 6.11 元/公斤，流通中增值为 5.08 元/公斤，从增值比例来看，果业公司、产地经销商（合作社）价值增值最多，占总增值的 47.13%；零售商环节最少，仅占 16.37%；生产环节和销地经销商环节分别占 16.86% 与 19.64%。

从各环节的成本构成结构来看，该产业流通链上单位脐橙的流通成本高于生产成本。生产每公斤脐橙的成本为 1.69 元，但仅是在流通到产地经销商，其流通成本就已达到 2.04 元/公斤。这也充分说明了农产品价格形成中，流通成本是挤压重点领域。

对于产业流通价值链的利润分配，果农利润分配比例为 32.15%，利润达到 1.03 元/公斤；果业公司、产地经销商的利润为 0.84 元/公斤，利润分配比为 26.22%；销地经销商的单位重量脐橙的获利为 0.6 元/公斤，利润分配比为 18.73%。

（2）“农户—经销商—零售商—消费者”模式。

该模式对应前述表 3－1 分析中的类型二的流通模式。目前赣南脐橙的产地销售流通主体已具备一定实力，并已经形成销地直接批发销售的网络；同时众多销地市场的经销商也在产地进行直接收购加工。所形成的价值链相对于前一种价值链减少了一个环节，该模式下各主体成本与利益匹配情况如表3－14所示。

表3－14　　2015年赣南脐橙价值链类型二的增值结构比例构成　　单位：元/公斤

类别	果农	经销商	零售商	
			传统零售商	现代零售商
购买价格或成本	1.69	2.72	6.8	6.8
销售均价	2.72	6.8	7.8	7.8
新增成本	0	2.64	—	—
利润	1.03	1.44	—	—
利润分配比率	32.15	44.95	18.73	10%
增值	1.03	4.08	1	1
增值比例（%）	16.86	66.78	16.37	16.37

资料来源：根据调研计算。

根据表3－14，产业流通链上总增值为6.11元/公斤，从增值比例来看，果业公司、产销地经销（合作社）价值增值最多，零售商环节的增值最少。

经销商的价值链增值占总增值的66.78%，而零售环节则大大低于经销商环节，其增值仅占总增值的16.37%。上述类型的价值链中的经销商是指产地经销商和销地经销商合一的形式，即经销商既承担产地收购也承担销地销售的业务。通过分析，该类形式的经销商在赣南脐橙价值链中占有更为重要地位。

（3）“农户—零售商—消费者”模式。

该模式对应前述表3－1分析中的类型三的流通模式。农户本身可以为本地或附近的传统零售商提供赣南脐橙，以获得更高的售价，但相应增加部分物流成本，该模式下各主体成本与利益匹配情况如表3－15所示。

表 3-15　　2015 年赣南脐橙价值链类型三的增值结构比例构成　　单位：元/公斤

类　别	果农	传统零售商
购买价格或成本	1.69	3.52
销售均价	3.52	6
新增成本	0.4	1.3
利润	1.43	1.18
利润分配比率	54.79	45.21
增值	1.83	2.48
增值比例（%）	42.46	57.54

资料来源：根据调研计算。

根据表 3-15，产业价值链上总增值为 4.31 元/公斤，从增值比例来看，零售商价值增值最多，增值为 57.54%。由于价值链短，果农与传统零售商本身的利润都较高，但由于通过该类销售方式销量较少，种植面积较大的农户通常不采用该方式。

（4）"农户—经销商—大客户" 模式。

该模式对应前述表 3-1 分析中的类型四的流通模式。在赣南脐橙销售流通中，部分消费者是大客户，采用团购方式进行。该模式下各主体成本与利益匹配情况如表 3-16 所示。

表 3-16　　2015 年赣南脐橙价值链类型四的增值结构比例构成　　单位：元/公斤

类　别	果农	经销商
购买价格或成本	1.69	2.72
销售均价	2.72	5.5
新增成本	0	1.64
利润	1.03	1.14
利润分配比率	47.46	52.54

续表

类　别	果农	经销商
增值	1.03	2.78
增值比例（%）	27.03	72.97

资料来源：根据调研计算。

根据表 3－16，产业价值链上总增值为 3.81 元/公斤，从增值比例来看，经销商价值增值最多，增值为 52.54%。由于价值链短，经销商利润较高，而农户不掌握大客户信息，其利润不变。

（5）“农户—消费者或农户—经销商—消费者（网络销售）”模式。

该模式对应前述表 3－1 分析中的类型五和类型六的流通模式。尤其是随着近年来的网络购物的兴起，赣南脐橙网络销售持续增长，出现了很多省略传统销地批发零售环节的销售模式。在网络销售时，根据其所采用电子商务开放平台提供的不同模式（如 FBP、LBP、SOP、SOPL 等），使用电子商务平台的费用也不相同，同时所得到的服务水平也不一样。该模式下各主体成本与利益匹配情况如表 3－17 所示。

表 3－17　　2015 年赣南脐橙价值链类型五和类型六的增值结构比例构成

单位：元/公斤

类　别	农户—消费者	农户—经销商—消费者	
	果农	果农	经销商
购买价格或成本	1.69	1.69	2.72
销售均价	9.6	2.72	9.6
新增成本	4	0	4
利润	3.91	1.03	2.88
利润分配比率	—	26.34	73.66
增值	7.91	1.02	2.78
增值比例（%）	—	26.84	73.16

资料来源：根据调研计算。

根据表3－17，对于农户—消费者的价值链，产业价值链上总增值为7.91元/公斤，利润可到达3.91元/公斤；对于农户—经销商—消费者的流通链，经销商价值增值为2.78元/公斤，增值比例为73.16%。

3.2.4 不同模式下的对比分析结论

（1）流通链条越长，农产品加价行为越严重。

从表3－13～表3－17看出，流通链条越长，农产品加价行为越严重。具体表现为“农户—产地经销商—销地经销商—传统/现代零售商—消费者模式”模式下，从链条初始的果农生产成本3.28元/公斤至最终消费者的13.6元/公斤，加价超过400%。当然，其中除去相关参与主体获得相关利益外，流通链条过长，流通成本越高也是一个重要因素。

（2）流通链条越长，农户收益受损越大。

从表3－13～表3－17看出，流通链条越长，农户增值在整条流通增值链中所占的比例越低。同时，从成本利润率也可以得到同样的结论，不同流通模式的比较，流通链越长，农户在整个链条中的利润分配率就越低。这说明，要降低流通成本，提升流通效益，一方面需要流通模式的改进与提升；另一方面要注重流通成本的有效控制。

（3）流通模式落后导致流通主体利益分配不合理。

从前述调查分析了解到，“农户—产地经销商—销地经销商—传统/现代零售商—消费者”流通模式是目前赣南脐橙最主要的模式，但这种模式的流通加价行为最严重，流通成本是其中关键因素。通过实地调查发现，流通模式的落后，流通主体利益分配不合理可能有以下几方面原因：一是目前赣南脐橙产业组织化程度低，营销主体散乱。缺乏必要的信任机制，各主体之间没有形成稳定的风险共担、利益共享的长期合作机制，多为临时性的合作关系；真正的合作社较少，多数合作社以自身盈利为目的，致使果农入社的积极性较低；经销企业、合作社规模小，布局分散，实力不强，辐射带动能力有限，没有形成在国内外市场上具有影响力和话语权的龙头企业，且互相之间缺乏必要的沟通协作，存在恶性竞争现象。小散户闯市场现象普遍，扰乱了市场秩序。二是果品采后商品化处理与深加工率低，脐橙鲜销压力大。造成果品深加工企业对非商品果的消化能力不足，次果流向市场，严重冲击了商品果市场。三是主要以产地贮藏为主，销地贮藏库还不多，造成中间物流损耗严重，难以保证贮藏果带来的反季节销售利益。产地贮藏保鲜技术落后，贮藏库建设不合理，同时果品由产地到终端消费者手中要经历较多环节，手续烦琐，每经历相应环节都会增加相应成本，导致流通费用较高，且缺乏完整的冷链物流体系，损耗率高。

3.3 九江水产品流通相关主体成本与利益匹配调查

3.3.1 调查设计

基于前述分析，四大家鱼为九江市水产养殖的主要水产品和典型水产品，同时结合水产养殖面积、产量、产业发展态势等要素，课题组确定九江市主要水产养殖县——九江县为样本调研区域。九江县是四大家鱼养殖的主要县，且近些年九江渔业发展态势良好，整体产业链向上延伸至鱼苗孵化业、淡水养殖业，向下延伸至鲜活鱼配送业、冰冻鱼市场以及渔具批发业，为课题组研究水产流通链相关主体成本与利益分配情况提供了很好的样本。

本书采用结构化问卷与半结构化问卷相结合的调查方式，分别选取九江县四大家鱼价值链上的农户、产地经销商、销地经销商、产地零售商、省内零售商和省外零售商进行实地调研，具体问卷调查对象及问卷主要内容如表 3－18 所示。

表 3－18　　　　调查对象及内容

调查问卷类型号	调研对象	主要调研内容
1	农户	生产情况： 生产规模及产品质量，生产资料获取及投入，生产成本构成，风险应对等 销售情况： 销售渠道及各渠道交易量，销售成本、收益，损耗等。 其他： 加入农业组织情况，投入品及水产品的市场及价格信息获取情况，生产过程的指导、培训情况，货款的支付及运作资金情况，品质检验及溯源情况，物流服务供应情况等
2	经销商（产地、销地）	经营规模、成本与收益，水产品采购与销售的渠道及各渠道比例，交易过程中的物流情况、损耗情况，交易货款支付情况，相关信息获取情况，日常运营面临的问题等
3	零售商（产地、省内、省外）	经营规模、成本与收益，水产品采购的渠道及各渠道比例，交易过程中的物流情况、损耗情况，交易货款支付情况，相关信息获取情况，日常运营面临的问题等

3.3.2　水产品流通链各主体成本与利益匹配

（1）渔民养殖与销售情况。

①养殖情况。调研所选取的水产品生产主体样本为九江县一个由七户渔民合股成立的中小型养殖基地，成员之间均摊生产成本，共享经营利润。在对渔民的生产成本进行分析时，主要考虑的生产成本包括：鱼塘租金、人工、饲料、水电、维修、基础设施、农药支出等。考虑数据的可获得性以及生产要素的重要性，本书在试调研的基础上，选取了如下指标进行调研与分析：一是物质投入费用，包括鱼苗投入、饲料投

入、疫病防御费用、池塘租金和除此之外的其他费用；二是用工费用，包括水产养殖过程中涉及的施肥、打药、捕捞等各项作业的人工费用，此处进行折算、合计。九江水产养殖主体样本2015年四大家鱼养殖单位面积（667m²）的各项投入情况整理结果如表3－19所示。

由表3－19可知，构成样本区域四大家鱼养殖投入的主要支出项目为饲料投入、鱼苗投入和雇工支出三项。结合调研过程中掌握到的每亩池塘年均产鱼500公斤的信息可进一步算出单位重量（每斤）鱼的生产成本为4元。

表3－19　样本渔民水产养殖单位面积（667m²）各项投入构成表　单位：元

投入项目		成本
物质投入费用	鱼苗	700
	饲料	2100
	疫病防御	150
	池塘租金	300
	其他（包括水电、维修、设施设备折旧等）	250
用工	人工	500
总投入		4000

另外，调研过程中发现，样本生产主体一般根据主观生产经验，历年的经济效益以及市场行情确定购入鱼苗的品种和数量，并由合股的几家渔民统一采购相关生产资料，统一进行鱼病的防疫活动。水产养殖过程中的重病防疫服务主要由饲料供应方提供，一旦出现鱼害问题，则由九江水产局和江西水产局进行生产指导，并提供相关服务。

②销售情况。在销售环节，入股的几家渔民统一起鱼、统一销售。据调查，所调研的水产养殖样本近些年水产产量相对稳定，每年起3～4次鱼，每年产鱼800吨。其中自己组织去当地市场售卖的鱼类仅为1吨左右，剩下的主要流向省内经销商或省外经销商，这与前面获取的九江常规鲜活类水产流通渠道的三种模式一致。并且，据调查掌握情况，这

些中小规模的养殖主体通常能与其下游主体取得长期的合作关系。水产的价格主要由市场行情确定，近年来呈现出逐步上涨的趋势，当然，其价格也会因季节而呈现15%左右的波动。总体而言，样本渔民的水产销售情况如表3－20所示。

表3－20　　样本渔民水产销售情况

序号	销售渠道	销售单价（元/公斤）	销售比例（%）	物流情况
1	产地零售商	10.6	8	渔民自行运输
2	产地经销商	9.0	90	购买方运输
3	销地经销商	9.0		购买方运输
损耗（%）		2		

其中，由渔民销往产地零售商的模式由于考虑了渔民的运输成本（约为0.6元/斤），其水产品销售单价会有所提高。另外，销地经销商与渔民进行交易时，渔民会出让部分价格或数量（一般折算为100斤/吨）作为长途运输中的损耗。

（2）不同模式下相关主体成本与利益匹配分析。

①“渔民—产地零售商—消费者”模式。该模式为样本区域最为主要的内部水产流通模式，其主要增值比例构成如表3－21所示。该模式下，流通链总增值1.1元/公斤，其中生产环节的价值增值相对更高。

表3－21　　“渔民—产地零售商”链条价值增值结构比例　单位：元/公斤

项目	渔民	产地零售商
购买价格（生产成本）	8	10.6
销售均价	10.6	12.4
增值	2.6	1.8
增值比例（%）	59.09	40.91

注：增值＝销售均价－购买价格（生产成本）；增值比例＝水产价值增值占该条价值链各环节增值总和的比例。

②“渔民—产地经销商—省内零售商—消费者”模式。该模式为样本区域水产流向省内其他县市最为主要的流通模式，其主要增值比例构成如表 3－22 所示。该模式下，流通链总增值 4.4 元/公斤，其中省内零售商销售环节的价值增值最高，占价值链总增值的 45.45%；生产环节带来的价值增值最低，仅为 22.73%。

表 3－22　“渔民—产地经销商—省内零售商”链条价值增值结构比例　单位：元/公斤

项目	渔民	产地经销商	省内零售商
购买价格	8	9	10.4
销售均价	9	10.4	12.4
增值	1	1.4	2
增值比例（%）	22.73	31.82	45.45

③“渔民—销地经销商—省外零售商—消费者”模式。该模式为样本区域水产流向省外其他城市最为主要的流通价值链，其主要增值比例构成如表 3－23 所示。

表 3－23　“渔民—产地经销商—省内零售商”链条价值增值结构比例　单位：元/公斤

项目	渔民	销地经销商	省外零售商
购买价格	8	9	11
销售均价	9	11	13
增值	1	2	2
增值比例（%）	20	40	40

该模式下，流通链条总增值 5 元/公斤，其中渔民生产环节带来的价值增值最低，仅占总增值的 20%；销地经销商的批发环节和省外零售商的零售环节各占总价值增值的 40%。

3.3.3 不同模式下的对比分析结论

根据上述关于水产价值链各环节增值情况的分析，可以得出以下结论：

第一，由于水产价值链增值效果由最初成本投入和最终销售价格决定，而价值链的总利润又等于价值链总增值减掉中间主体的相关运作成本。因而，在保持最初成本投入和最终销售价格不变的前提下，越有效地控制水产在流通过程中的成本，就越能为水产产业链带来更多利润，从而使价值链参与各主体收益越多。

第二，通过对比分析上述三种流通渠道的价值链增值情况，可以发现，对于链条最前端的渔民而言，水产价值链上的参与主体越多，其生产环节所带来的价值增值效果就越差，也就是说，渔民可能从中获得的利润就越少，导致相关主体利益分配不合理。

第三，规模化流通主体的缺失、流通模式落后，影响相关主体利益分配的合理性。水产品，特别是鲜活水产品的特点要求水产在流通过程中尽可能地缩短中间环节，甚至到达产销直供的模式，才能最大限度地降低水产损耗量，减少运营成本，保证水产质量。而就调查实际看，参与水产流通的经销户等主体规模较小，规模化流通主体缺失，各主体的生产经营及基础设施设备落后，无法满足该市水产规模越来越大、品种越来越丰富、市场质量要求越来越高的水产市场流通发展需要；水产流通环节的腐损率过高，大规模、大范围流通困难。同时，作为鲜活水产而言，在保证必要流通主体不缺失的情况下，流通环节越少越能够压缩流通过程中的成本，那么整体价值链上的价值增值就越可能转化为各主体所获得的利润。然而，就目前九江水产流通模式现状调查看，主要依托批发市场进行流通，产销直供模式发展滞后，这也在一定程度上影响九江水产的流通效率，增加流通成本。

3.4　本章小结

掌握农产品流通过程中各参与主体的成本与利益匹配情况，发现农产品流通过程中普遍存在的问题，进而为后续流通成本控制策略选择视角与途径提供依据。本章选择具有代表性的江西两种典型农产品，赣南脐橙与水产品进行实地调研。首先，对赣南脐橙与九江水产品的流通模式现状进行分析，其目的是要为后续分析不同流通模式下的农产品价格形成、成本构成、价值增值和利润分配状况提供基础；其次，基于赣南脐橙与九江水产品的流通模式现状分析，分别就不同模式下赣南脐橙与九江水产品的流通主体成本利益分配情况调查结果进行了深入比较与剖析；最后，总结分析结果并提出存在的相关问题。

第4章　农产品流通成本的控制与比较分析
——基于供应链结构选择视角

从前述赣南脐橙与九江水产品流通相关主体成本与利益匹配调查结论看出，流通链条越长，农产品加价行为越严重、农户收益受损越大；同时也会对各流通主体利益分配的合理性产生重要影响，而其中一个重要因素是流通链条拉长增加了流通成本。由此看出，要降低农产品流通成本、提升流通效益，流通模式的改进与提升非常关键。鉴于此，本章基于农产品供应链结构选择优化视角，探讨农产品流通成本的控制。

4.1　农产品流通结构现状分析与模式设计

4.1.1　农产品流通结构现状

总体来看，农产品从生产到消费者手中，一般要经过收购商、批发商、零售商等多个流通环节（见图4－1）。其中典型的流通选择是农产品收购商将分散农户的农产品进行收购，在此基础上利用产地批发市场通过批发商运输到销地批发市场，然后是在销地批发市场通过批发商将相应农产品配送到零售商，最后农产品经零售商达到消费者手中。当然流通模式选择不同，其中经过的流通环节存在差异。

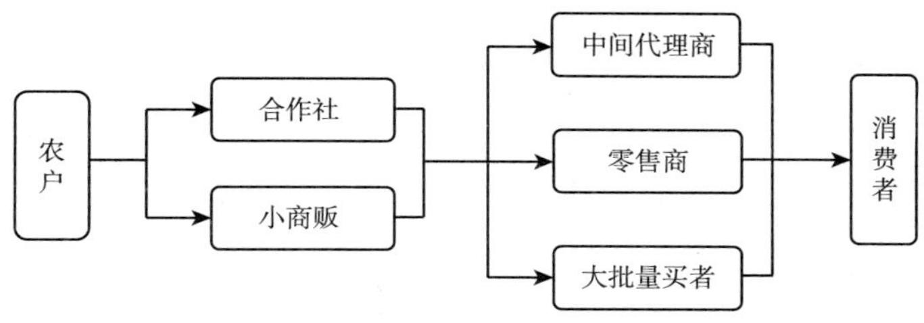

图 4－1　农产品流通的一般环节

基于我国农产品流通结构现状，可将农产品的流通模式归纳为以下几类：

（1）农户直销消费者模式。

最传统的农产品流通模式是基于农产品生产者自给自足后，将多余的农产品进入市场与其他农产品需求者进行直接交易。这种模式是基于我国传统的分散小农生产方式，农户自身将农产品进入市场进行交易。这种模式目前在农村还能见到，并且由于是农户直接与消费者进行交易，流通环节少、流通成本低，因而消费者相对其他购买方式能获取一定价格实惠。但随着经济的发展，上述模式越来越不适应生产与消费模式的转变，包括农户的规模经济问题（小农户生产与小批量单独交易）、不适应消费大市场需求、农产品质量的保障问题（难以做到质量监管），等等。当然，随着"互联网＋"战略的实施，少数具有一定能力与水平的生产大户尝试进行网上直销，但农户进行网上直销的还是少之又少。

（2）批发市场支撑模式。

这种模式的核心是农产品以批发市场这个平台为核心支撑进行农产品的流通，实际就是批发市场发挥将分散农产品进行集中的功能。该模式也是我国目前最重要的一种农产品流通模式，据相关数据显示，我国通过批发市场流通的农产品大概占到农产品总量的 70%。农产品通过批发市场进行销售，可以解决农户分散销售的问题，进而通过批发市场对不同农户生产的小批量农产品进行集中销售以及通过批发商远距离销售，在一定程度上有助于解决小农户与大市场的矛盾。但是，该模式的弊端也较突出，如通过批发市场流通，流通参与主体多、流通环节长，导致流通效率低、流通成本高。以南昌市“深圳农产品批发市场”为例，农产品从南昌到广东至少经过五个环节：一是从农户到南昌农产品中介代理商；二是从中介代理商道南昌批发市场；三是从南昌批发市场到广东批发市场；四是销地的广东批发市场；五是广东批发市场到零售商或终端消费者。如此，一方面是环节多，每环节都会在相应成本基础上加上一定获利（成本加成），形成“层层叠加”效应；另一方面是环节多，增加损耗，结果是相应成本都由消费者承担，农产品到达最终消费者手中的价格与农户初始价格相比翻几番。

（3）农户合作模式。

农户合作模式相对于分散小农户生产是一个进步，通过合作将分散农户形成一个整体，提升农户生产的组织化程度，典型如农业专业合作社或农业协会，通过专业合作社统一采购、统一销售等。更有甚者，有些专业合作社或农业协会就是一个实体企业，对其管辖下的农户进行统一管理，包括集中统一购买农产品生产所需原料，以降低农产品生产成本。同时，整合销售，一方面是搭建销售平台扩大市场渠道；另一方面代表分散农户与采购商交易，增加了分散小农户的议价能力，如此减少农户的利益受损。农户合作模式，提高了生产的组织化程度，也有利于农产品质量的监管与提高。

（4）合同模式。

这种模式也是目前国家大力鼓励推行的模式，不仅有利于降低流通成本与产品滞销问题，而且农产品质量的保障程度高。简单来说，就是农产品生产者或其所在的组织（如合作社）与采购商签订合同，生产者组织生产并在一定的时间提供符合采购商要求的农产品，农超对接就是典型的合同模式。当然，由于农户相对合同模式下的企业来说，处于劣势地位，也常面临合同企业违约的风险。

随着订单模式的推进及产生的效应，合同模式在有些地方演进成另一种高级形式——基地模式。如目前有些采购商（包括农产品加工企业）与农户签订合同，租用农户土地自建生产基地，统一生产资料并提供相应技术，雇佣当地农民进行生产。如此，企业通过自建基地，使其业务向供应链上游延伸，将生产与销售集于一身，既能更好地对生产环节进行控制，又能将自身拥有的市场信息传递到生产环节。

（5）基于平台整合的协同模式。

如近年来，随着“互联网＋”战略的实施，平台经济模式迅猛发展，由此也衍生出一些为农产品流通提供相应平台支撑的企业，包括信息平台支撑、流通渠道的整合与协同等。提供信息平台的，典型如物流信息平台，上海陆上货运交易中心56135平台每天发布100余万条服务信息，集聚18万多家物流企业，如此为物流企业协同并降低农产品物流成本提供信息支持；撮合农产品交易的电子平台企业，提供相应市场需求与价格信息；等等。提供农产品流通环节整合的典型如由农产品供应链上的核心企业提供平台，整合协同农产品供应链上的物流，提升流通效率。但由于相关平台的建设不足，基于平台整合协同的模式，就目前来说还不多。

4.1.2　农产品流通结构存在的问题

尽管近年来，在相应政策的支持下，农产品流通模式不断创新，但在实际中，通过批发市场流通还是占据主导地位，这也导致农产品流通结构存在一系列问题：

（1）核心流通主体缺乏，流通组织化程度不高。

基于前面分析看出，农产品流通参与主体多，由此导致供应链网络结构复杂，但其中缺乏核心企业对复杂的农产品供应链网络进行协调与组织管理。尤其是考虑到目前我国农产品生产以分散小农户为主，更需要核心流通主体对其流通渠道进行整合，提高流通的组织化程度与流通效率，进而增强小农户生产与大市场需求的衔接。

（2）流通链长，流通成本高。

以批发市场为主导的农产品流通模式，必定是流通参与主体多，流通环节长。流通链长，一是各参与主体都会基于自身利益出发，在原有成本基础上加上一定的利润，导致整条农产品供应链的成本上升；二是流通环节长，导致流通时间增加，进而增加相应物流成本，如库存持有成本，尤其是对生鲜或鲜活农产品而言，流通时间增加意味着损耗成本也将上升；三是流通环节多也增加了交易成本。

（3）流通信息化程度不高。

主要表现在：一是市场需求信息未有效沿着流通链向农产品生产者上游传递，加上农户获取相关信息渠道有限，导致农户基本是按照过去经验组织生产，从而我们时常看到一些农产品滞销、农户增产不增收的新闻；二是农产品流通链上下游环节信息共享度不高，影响流通组织间协同整合，进而影响农产品流通效率，并且相应公共信息平台的建设不足，也增加了农产品物流的协调难度。

（4）产销对接平台建设有待进一步提高。

尽管近些年不断支持农产品流通模式创新，包括农超对接的合同模式、农户合作模式等，但总体上来说，农产品流通过程中的产销对接平台还较缺乏，尤其是其中相应的产销对接平台及平台型企业的建设力度不够。通过产销对接平台（企业）的建设，能有效提升农产品流通链上各参与主体的衔接度。同时，加上前述分析的农产品流通结构现状存在的核心流通主体的缺乏、流通信息度不高等因素，更需要加强产销对接平台的建设。

4.1.3　农产品供应链模式设计

基于前述分析总结的五种主要农产品流通模式及不同模式的相应特征，并考虑到后续的成本模型构建及成本模拟与比较分析的方便可行，提出产销随机型与产销对接型下两种供应链模式。实际上，前述五种农产品流通模式现状，将其特征总结起来，无外乎可从生产与销售的衔接程度来进行分类，农户直销消费者模式与农产品批发市场支撑模式的农产品流通模式产销随机性更高；而农户合作模式、合同模式、基于平台整合的协同模式，相对前面两种模式来说，产销的随机性更低、产销的对接性更高。

（1）产销随机自发型模式。

由于经济社会的发展，农产品的流通过程中，早期的由分散小农户进入市场，小批量与消费者面对面交易的模式已越来越不适应现代流通的要求。随着农业生产技术的改进、农业生产效率的提升，农产品越来越呈现大批量交易的特征，然而我国农业一直存在的小农户生产现状，要求与之对应的专业化的市场为其服务，农产品批发市场开始出现并逐渐发展，承担将分散农户农产品进行集中并批量交易进入市场的功能，即先将分散农户小批量农产品通过批发市场集中，再由批发市场将集中的农产品分散到不同的流通商直至消费者。

考虑到目前农产品批发市场支撑的模式，各交易主体的组织化程度不高，各交易主体的整合度低，加上信息化技术在农产品流通的应用有限，导致市场需求信息未有效沿着流通链向农产品生产者上游传递，决定农户生产何种类型农产品、生产规模多大，大多依靠经验，结果是生产与交易具有极大的随机性。

鉴于此，本书将这种小农户分散生产、交易随机性程度大的模式归纳为产销随机型供应链模式。其中前述分析的，农户直销消费者模式与农产品批发市场支撑模式就具有相应特征。由于批发市场支撑模式是现阶段我国农产品流通最主要的模式，因而本书将产销随机型供应链模式的运行描述，如图 4－2 所示。其相应的特征为：

一是主要依托专业批发市场进行流通与交易，即通过专业批发市场先集中分散农户的农产品，再由批发市场分散到不同的消费终端。

二是流通主体的组织化程度低，农户分散生产经营，采购商规模也不大，与农户交易需求不确定，随机性较大。同时，组织化程度低也决定其物流功能的分散，缺乏将其相应物流功能整合的核心流通主体。

三是信息化程度低。农产品供应链上的信息分散，传递的有效程度低，结果是：一方面，生产与交易的随机性；另一方面，影响流通环节的供应链协作与整合，供应链一体化程度低。

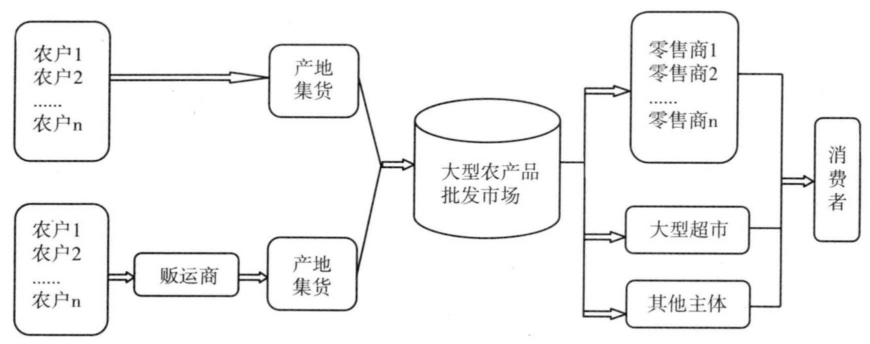

图 4－2 产销随机型供应链模式

（2）产销对接型模式。

相对于产销随机型模式，产销对接型供应链模式，就是农户生产的农产品的目标市场更明确、农产品生产计划更多依靠市场需求信息制定；农产品生产出来后，由于对应相对更明确的市场，其运行机制就是以更短流通时间、更少的流通环节快速流向市场。基于这些特征，本书把农户合作模式、合同模式、基于平台整合的协同模式归纳为产销对接型供应链模式，如图4－3所示。因此，该此模式的农产品生产者既有农户，也有农产品生产基地。

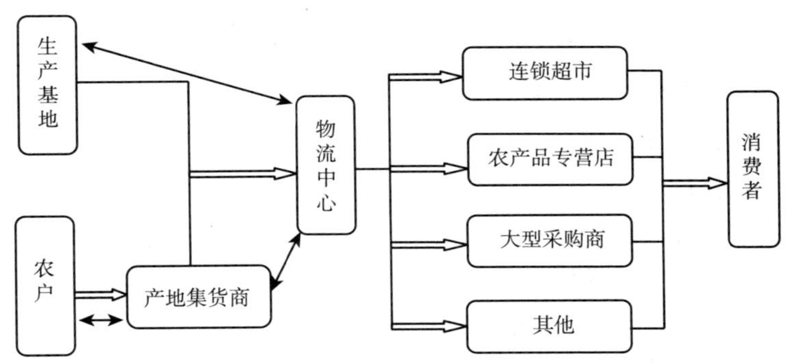

图4－3　产销对接型供应链模式

该模式与随机型模式的最大差别在于产销对接型模式是以信息为驱动，包括农产品生产与物流都是基于信息驱动。具体来说，农产品生产计划是基于市场信息的指导来制订；农产品流通过程中的物流活动是通过供应链下游向上游传递的信息有计划、有目的地开展。

在产销对接型供应链模式下，分散农户一般不直接进入市场进行单独交易。农产品或是由基地直接进入物流中心，或是由相应集货商（合作社或农协）大批量集中分散小农户农产品进入物流中心，然后由物流中心整合相应物流功能（如包装、加工等）统一配送给下游中间商直至消费终端。什么时间采摘农产品、农产品什么时间进入物流中心、多大规模进入物流中心，都是基于信息驱动。供应链上各参与主体通过信息驱动合作，进而提升链条运行效率。

通过上述分析，总体来看，产销对接模式具有以下特征：

一是生产与流通组织程度高。分散农户不直接进入市场，农产品直接由基地或集货商大规模进入物流中心，由物流中心统一配送，无论是生产还是流通，组织程度都较高。

二是流通主体协同度高，供应链整合能力强。由于生产与流通的组织化程度较高，有利于流通主体的协同合作，包括链条生产计划制订、终端的农产品物流活动安排、零售终端的需求计划传送等；同时，该模式下，物流中心承担物流整合的功能，可有效将链上各参与主体紧密连接，提升链条运行效率。

三是信息驱动下开展相关农产品生产与物流活动。通过信息由供应链下游向上游传递，并基于信息传递与驱动，开展相关生产与物流活动，进而保障供应链的运行通畅。如此，既保障农产品供应的及时与准确性，又缩短流通环节与流通时间，降低流通成本。

基于上述设计的两种模式的分析，产销随机型供应链模式由于参与主体多、流通主体的组织化程度低、农户分散生产经营、生产与销售的随机性大等特点，使得流通链与流通时间长，导致流通参与主体层层加价、流通过程损耗高，结果是既损害消费者利益的同时，农户利益也无法得到保障；而产销对接供应链模式，则是通过信息驱动，流通主体间合作紧密、供应链协同度高、生产与销售的随机性大大降低、流通链和流通时间大大缩短，结果是不仅降低了农产品流通成本，还有效提升了农产品流通效率。

4.2 农产品流通链成本构成分析

农产品流通链成本的构成，可从两个角度进行分析。一是基于流通参与主体来进行分类；二是基于功能视角进行分类。

4.2.1 基于流通参与主体视角的成本构成分析

农产品的流通，一般来说从农户开始，中间会经历代理商、收购商、批发商、零售商等环节。从流通参与主体视角来看，农产品流通链成本构成将包含上述每个参与主体的成本，将这些参与主体的成功加总即是流通链总成本。

（1）农户生产成本。

农户的生产成本一般包括农产品生产的投入成本及一定的利润。其中投入成本包括农产品生产的物资投入和用工成本，物资投入如种子、化肥、农药、生产相关机械等投入成本，用工成本如农产品采摘、除草、管理等用工成本。同时，将农户的利润考虑进去，是由于农户的利润最终会对消费终端的价格产生影响。

（2）农产品流通各参与主体成本。

不同的流通参与主体，其成本构可能不一样。但一般来说，每个流通参与主体大都包含以下成本：

一是损耗成本，如产品过时的价值损耗、转运中的损耗、农产品被偷窃的损耗等。其具体分配结构将在基于功能视角成本构成分类中详细分析。

二是物流处理相关成本，如运输成本、订单处理成本、库存成本、材料成本、包装成本等。同样，其具体分配结构将在基于功能视角成本构成分类中详细分析。

三是考虑利润的成本加成。即农产品流通参与主体，基于自身获利考虑，会在其总成本基础上加上一定的利润卖给其下游流通参与者，而其中的利润一般是在总成本基础上乘以一定比例系数，本书称其为成本加成。同样将流通参与主体的成本加成算作流通成本，是基于这个成本因素会对终端消费的价格产生影响。

4.2.2　基于功能视角的成本构成分析

从功能视角看，农产品流通链总成本包括生产成本、损耗成本、交易成本、物流成本及基于获利考虑的成本加成，具体构建如图 4 －4 所示。

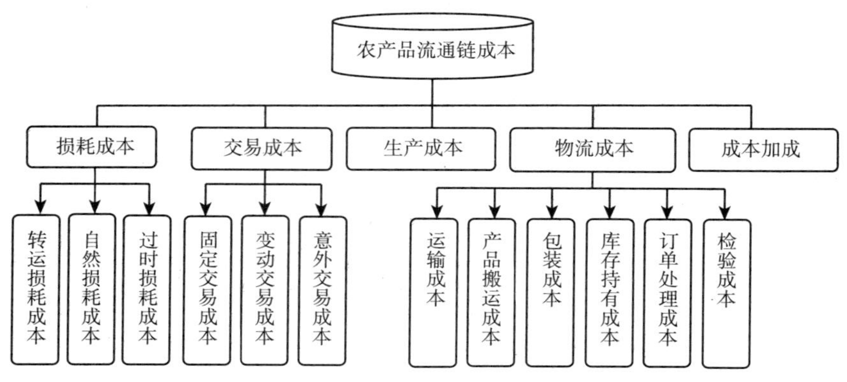

图 4 －4　基于功能视角的农产品流通链成本构成

按照图 4 －4 分析的成本构成，各成本要素的具体分析如下。

（1）生产成本与成本加成。

关于生产成本与成本加成，已在前述基于流通参与主体进行了分析，这里不再赘述。

（2）损耗成本。

农产品在流通过程中会有相关损耗发生，尤其对于生鲜或鲜活农产品，损耗成本是农产品流通链中非常重要的成本，并且与时间的相关性较大，如流通时间长，产品可能过时导致折价损失。整条流通链的损耗成本，由流通各环节的损耗成本加总。根据前述分析，一般来说，损耗成本包括产品过时的价值损耗、转运过程中的搬运损耗以及由于农产品在其产品生命周期过程中的自然损耗，被盗窃的损耗这里不考虑。为计算的方便可行，本书假设损耗成本与时间具有相关性，损害函数表示为：$sh(t)=1-e^{xt}$，其中 x 表示损耗因子系数，农产品的种类不同，x 的取值也不同，x 取值越大，表示该类农产品的损耗越快。

（3）交易成本。

农产品流通过程中，各流通参与主体会有相应的交易过程，为达成相应交易发生，各主体会有相关的交易伙伴搜寻、交易谈判准备、交易监督等费用。总体上看，无论交易是否达成，交易主体都会有些固定的投入，如场地投入、设备投入等；同时，交易过程中还会有些成本随交易时间的变化而变化，如为交易达成的准备时间、谈判时间等；另外，交易过程中，有时会发生意外，如产品不合格、供应链上游发生意外等。综合来看，农产品流通过程中，交易总成本 = 固定成本 + 变动成本 + 意外成本。由交易总成本的组成来看，交易时间与交易总成本呈正相关关系，其中交易固定成本可假设以交易额作为分摊基准。

（4）物流成本。

①运输成本。农产品的流通，即产品的实体流动，必须通过运输才能完成，并由此产生相应费用，运输成本主要受运输量、运输距离、装载率、运输需求率、运输费率和运输延迟等因素的影响。

②库存持有成本。农产品流通过程中，当农产品不能及时销售，会将产品放在仓库保持并产生相应费用。包括仓库投资的相关固定成本分摊，如仓库建筑、土地及相关储存设备的投资分摊，如果不是自己的仓库，则相应成本就是租用仓库的租金，一般与租用时间有关；库存资金的占用成本，一般与库存持有时间有关，持有时间越长，则资金占用成本越高。总体上看，库存持有成本与库存持有时间有关。

③农产品搬运成本。农产品流通过程中的运输、库存需要装卸搬运才能完成，一般来说，装卸搬运成本包括运输中的装卸搬运及出入库中的装卸搬运成本。具体来说可分为固定成本和变动成本，固定成本主要指相关装卸搬运设施折旧的成本；变动成本主要是装卸搬运的人力成本。

④农产品包装成本。农产品流通过程中，为了农产品的安全不受

损，有时需要进行相应的简单包装，以达到农产品在运输与装卸搬运过程中的保护功能。同时，农产品有时到了零售终端，为使其产品价值增值，可能会对其进行一些精包装。总体来看，包装成本主要由包装材料耗费、包装人工费以及包装设备折旧费三部分组成。

⑤农产品检验成本。农产品质量与安全是近年来公众普遍关注的焦点，也直接关乎消费者的健康与安全。从严格意义上讲，进入市场的农产品需要相应的检验过程，并由此产生相应的成本。具体来说，其成本主要包括人工成本、检验设备投入折旧成本及相关检验材料（如一些特殊的检验药品等）的成本，通常检验成本与检验的农产品数量相关。

⑥订单处理成本。农产品流通过程中，各交易主体达成交易，需要对其订单进行处理，既包括流通链下游向上游采购的订单，也包括上游向下游销售的订单处理。其成本主要包括员工成本，如工资、福利及奖金；也包括相关信息系统、软件的投入费用。

当然，除了上述分析到的成本外，可能包括其他一些与农产品流通的相关成本，如产品不合格的惩罚成本、缺货退货导致的成本；等等。但由于这些成本发生的概率相对来说较低，具有一定的偶然性，因而本书未考虑。

通过上述农产品流通链成本的构成分析，为后续设计成本模拟模型，进而比较分析不同供应链模式选择对农产品流通链成本的影响提供了基础。

4.3 流通链成本模型设计

本书的成本模型构建选择基于功能视角的成本分类来设计。由于考虑到后续的成本模拟仿真拟选择生鲜农产品——蔬菜为例，而生鲜农产品的流通成本受流通时间的影响较大，因而本书考虑的主要成本因素是与时间紧密相关的交易成本、损耗成本及物流成本中的库存持有成本。

如此，既是为成本模型设计及模拟的方便可行，也考虑了生鲜农产品的主要特征与实际情况。其他如成本加成及物流成本中的运输成本、搬运成本、包装成本尽管对流通成本也有一定影响，但其成本大小主要受流通环节的影响，基本上属于“静态”成本，不是本书考虑重点，暂不予以研究。

4.3.1 主要参数的设置和界定

为方便分析与成本模型设计，对接下来构建模型需要用到的参数作如表4－1的设置与说明。

表4－1　　参数符号界定与说明

参数名称	符号	参数名称	符号	参数符号	符号
i类农产品第j天第k环节价格	c_{ijk}	i类农产品第j天第k环节交易等待时间	T_{ijk}	i类农产品第j天第k环节库存持有成本	cc_{ijk}
i类农产品第k环节价格基准值	c_{ik}	i类农产品第j天第k环节意外交易成本	aac_{ijk}	i类农产品损失系数	V_{i0}
i类农产品第k环节价格随机量	β_{ik}	i类农产品第k环节意外交易成本最大值	A_{ik}	i类农产品第j天第k环节自然损耗成本	Z_{ijk}
i类农产品第k环节价格变量标准差	σ_{ik}	i类农产品第j天第k环节固定交易成本	gac_{ijk}	i类农产品第j天第k环节实际供应量	S_{ijk}
i类农产品第k环节第j天采摘或采购量	W_{ijk}	i类农产品第j天第k环节的价值	J_{ijk}	i类农产品周末需求增加系数	α_i
i类农产品第k环节采摘或采购基准量	w_{ik}	i类农产品第k环节固定交易成本系数	ω_{ik}	i类农产品第k环节价格最大值	$\max c_{ik}$
i类农产品第j天第k环节采摘或采购的随机量	ε_{ijk}	i类农产品第j天第k环节变动交易成本	bac_{ijk}	i类农产品第k环节价格最小值	$\min c_{ik}$
w类农产品第k环节采摘或采购的随机量标准差	σ_{wk}	i类农产品第k环节单位变动交易成本	R_{ik}	i类农产品第k环节需求最大值	$\max Q_{ik}$

续表

参数名称	符号	参数名称	符号	参数符号	符号
i 类农产品第 j 天第 k 环节需求量	Q_{ijk}	i 类农产品第 j 天第 k 环节损耗成本	sh_{ijk}	i 类农产品第 k 环节需求最小值	$\min Q_{ik}$
i 类农产品第 k 环节需求基准值	ϕ_{ik}	i 类农产品第 j 天第 k 环节搬运损耗成本	B_{ijk}	i 类农产品第 k 环节采摘或采购最大值	$\max W_{ik}$
i 类农产品第 j 天第 k 环节需求随机量	η_{ijk}	i 类农产品第 k 环节搬运损耗系数	φ_{ik}	i 类农产品第 k 环节采摘或采购最小值	$\min W_{ik}$
q 类农产品第 k 环节需求随机量标准差	σ_{qk}	i 类农产品第 k 环节自然损耗函数	$g_{ik}(t)$	i 类农产品第 j 天第 k 环节预测需求量	DD_{ijk}
i 类农产品第 j 天第 k 环节库存量	K_{ijk}	i 类农产品第 k 环节库存持有成本系数	δ_{ik}	i 类农产品第 k 环节第 j 天利润	M_{ijk}
i 类农产品折价系数	z_i	i 类农产品第 j 天第 k 环节折价损失	JS_{ijk}	i 类农产品第 j 天第 k 环节当天剩余量	L_{ijk}
i 类农产品第 k 环节保量系数	μ_{ik}	i 类农产品第 k 环节交易时间最大值	T_{ik}	i 类农产品第 j 天第 k 环节实际供应量	S_{ijk}

同时，为方便对设计的成本模型的理解，对相关参数作如下解释与界定：

成熟系数 v_i，是 i 类农产品成熟函数的参数变量，如果 i 类农产品成熟的速度越快，则 v_i 的取值越大。

一般来说，农产品进入专业批发市场，专业批发市场会对进场交易提取一定比例的交易金，固定交易成本系数 ω_{ik} 表示按交易价值提取的比例系数，通常农产品种类不同，提取的比例也有所差别。

R_{ik}，是单位时间内分摊的交易成本系数，主要是人工成本，交易时间越长，变动交易成本越大。

农产品流通中，搬运过程中的不当操作会导致损耗，搬运损耗系数 φ_{ik} 表示损耗量占总装卸搬运量的比例，农产品种类不同，其取值也不一样。

如果农产品当天没及时出售需要相应的库存设施进行储存，进而产生相应成本，库存持有成本系数 δ_{ik} 表示库存持有成本占储存的农产品价值的比例。

农产品，尤其是生鲜农产品，以蔬菜为例，如果当天未及时出售，则会由于过时导致其价值的损耗，即价格下降，折价系数 z_i 表示下降的比率，农产品种类不同，取值也不同。

如果农产品未及时出售，考虑了前面的折价系数因素，因而会产生一定的损失，用折价损失 JS_{ijk} 表示，即价格下降的部分。

农产品损耗系数 V_{i0} ，是农产品损耗成本函数的参数变量，如果 i 类农产品的损耗速度越快，则 V_{i0} 的取值越大。

相对于平时，通常消费者周末或节假日对农产品的需求更大，假设是平时的 α_i 倍，本研究用周末增求系数 α_i 表示周末或节假日消费者对 i 类农产品的需求是平时的 α_i 倍。

保量系数 μ_{ik} ，是为使不导致农产品的缺货，进而假定其 i 类农产品在 k 环节的供应量按订单需求量的 μ_{ik} 倍提供。

预测订单需求 DD_{ijk} ，表示产销对接型的农产品供应链模式下，对未来需求值的预测。

4.3.2　成本模型的基本假设

在前述相关参数设置和界定的基础上，对农产品的供应量、价格等作如下假设：

假设在市场上有 i 种农产品交易，对于农产品 $i(i = 1,2,\cdots,n)$ ，由于其基本生理特性的不同，不同农产品具有不同的生命周期。以生鲜蔬菜为例，在刚上市的时候价值比较大，随着时间的推移，其价值会逐渐下降，甚至价值完全消失，遭到丢弃。由此，我们设定 i 类农产品自从进入成熟期到采摘后的价值的变化函数为：

$$f_i(t) = \begin{cases} 1, 0 \leqslant t \leqslant T_{i1} \\ 1 - \dfrac{1}{1 + e^{-V_{i0}(t-t_{i0})}}, T_{i1} \leqslant t \leqslant T_{i2} \end{cases} \tag{4-1}$$

式（4-1）中，T_{i1} 表示成熟后采摘时间，T_{i2} 表示采摘后等待交易时间。

同时作出如下假设：

①v 表示农产品 i 的成熟系数，农产品 i 进入成熟期后成熟的时间越短，则 v 越大；t_{i0} 的大小与农产品 i 的生长时间正相关，农产品 i 的生长时间长，则 t_{i0} 越大；V_{i0} 表示农产品 i 的损耗系数，农产品 i 损耗得越快，则 V_{i0} 的取值越大。

②考虑到不仅生产成本会影响农产品 i 的价格，而且供求关系也会影响。由于市场自发调节的滞后性，可合理假设农产品 i 第 j 天的供需情况会影响到农产品 i 第 $j+1$ 天的价格。如果当天的需求量大于供给量，则后一天农产品的价格上升；如果当天需求量小于供给量则后一天农产品的交易价格下降。

③考虑到相对于平时，消费者周末或节假日对农产品的需求更大，因而可以合理假设周末、节假日的需求为平时的 α_i（$1.5 \leqslant \alpha_i \leqslant 2$）倍；由于平时（非周末或节假日）对农产品 i 的需求相对稳定，可假设平时对农产品 i 需求是以一个时间段为周期的有规律运动。

④如果农产品 i 当天没有及时出售而需要存储，则会产生库存持有成本。同时，库存持有成本与农产品 i 库存价值相关，假设库存持有成本系数为 δ_{ik} 、农产品 i 库存量为 K_{ijk} ，则农产品 i 的库存持有本为：

$$cc_{ijk} = K_{ijk} \times \delta_{ik} \times c_{ij(k-1)} \tag{4-2}$$

考虑到由于农产品的价值是随着时间的不断延长而不断下降的，所以定义农产品 i 的价值损失值：

$$JS_{ijk} = c_{ijk}(1 - f_i(t)) \times K_{ijk} \tag{4-3}$$

如此，由于农产品供需不平衡而带来的损失为：

$$KS_{ijk} = cc_{ijk} + JS_{ijk} \tag{4-4}$$

式（4-4）中，如 $KS_{ijk} \leqslant 0$ ，则表示农产品 i 当天全部售完，令

$KS_{ijk}=0$。

⑤基于前述成本构成分析，农产品 i 交易等待时间 T_{ijk} 越长，则农产品 i 的交易成本越大，可假设它们之间呈正相关的关系；同时伴随交易的达成，也会投入一些固定成本，如办公设备、通信设备等，可假设其为一个与农产品交易额成相关的函数。如此，变动交易成本可表示为：

$$bac_{ijk}=T_{ijk}\times R_{ik} \tag{4-5}$$

固定交易成本可表示为：

$$gac_{ijk}=\omega_{ik}\times J_{ijk} \tag{4-6}$$

式（4－5）中，R_{ik} 表示农产品 i 在第 k 交易阶段的单位变动交易成本；式（4－6）中，J_{ijk} 是第 j 天农产品 i 的交易额，ω_{ik} 为 i 类农产品第 k 环节固定交易成本分摊系数。

同时考虑到，交易过程中可能会发生相关的意外成本，用 aac_{ijk} 表示，是一个小于 A_{ik} 的随机变量。基于此，农产品 i 在第 k 交易阶段的交易成本可表示为：

$$ac_{ijk}=bac_{ijk}+aac_{ijk}+gac_{ijk} \tag{4-7}$$

⑥通过对农产品的损耗情况进行分析，可以发现农产品的损耗主要由装卸搬运和流通时间过长而造成的自然损耗所带来的，对于装卸搬运带来的损失成本 B_{ijk}，本书设置为该批农产品价值的 φ_{ik}；对于由于时间过长造成的自然损失，假设其损失函数为：

$$g_{ik}(t)=1-e^{-V_{i0}t}(t=T_{ijk}) \tag{4-8}$$

如此，此阶段农产品 i 的损耗成本可表示为：

$$sh_{ijk}=(\varphi_{ik}+g_{ik}(t))\times J_{ijk} \tag{4-9}$$

式（4－9）中，J_{ijk} 表示农产品 i 在 k 环节第 j 天的价值，同时我们假设第一环节农产品没有损耗。

⑦假设农产品 i 在第 k 环节第 $j+m$ 天的供应数量表示为：

$$S_{i(j+m)k} = W_{i(j+m)k} + K_{i(j+m-1)k} + \cdots + K_{ijk} \quad (4-10)$$

式（4－10）中，$W_{i(j+m)k}$ 为第农产品 i 在第 $j+m$ 天的采购量，K_{ijk} 为第 j 天蔬菜的库存量。

⑧由于每一个流通参与主体基于自身获利考虑，出售时都会在其采购价格基础上加成，假定加成后的收益为 M_{ijk}，如此，使其后一天的出售价格为：

$$c_{ij(k+1)} = M_{ijk} + sh_{ijk} + ac_{ijk} + cc_{ijk} \quad (4-11)$$

⑨农产品 i 的价值向量表示为 J_{ik}，农产品 i 的价格向量表示为 C，农产品 i 采摘/采购量向量表示为 W，农产品 i 的交易成本向量表示为 AC_{jk}，农产品 i 搬运损耗向量表示为 B_{jk}，农产品 i 自然损耗向量表示为 G_{jk}，农产品 i 库存持有成本向量表示为 LS_{jk}。

4.3.3 模型构建

（1）产销随机自发型模式下流通链成本模型构建。

基于上述界定与假设，并根据图 4－2 产销随机型供应链模式运作流程，同时便于模拟分析与比较，对该模式下农产品流通过程中的相关交易界定作如下说明：

第一阶段交易环节：农户和农产品贩运商之间进行交易的环节；

第二阶段交易环节：农产品贩运商和农产品集货商之间进行交易的环节；

第三阶段交易环节：农产品集货商和农产品批发商之间进行交易的环节；

第四阶段交易环节：农产品销售终端和消费者之间进行交易的环节。

农产品的第一交易阶段环节指的是农户和蔬菜贩运商之间进行的交易。对于 i 种类蔬菜农产品，其采摘量为 $W = \{W_{1jk}, W_{2jk}, W_{3jk}, \cdots, W_{ijk}\}$，由于该模式下交易的随机性和自发性，农产品的采摘量和市场需求量存在一定的差异。假设农产品的交易价格为 c_{ijk} ，对于 i 种类农产品，交易价格为 $C = \{c_{1jk}, c_{2jk}, c_{3jk}, \cdots, c_{ijk}\}$ ，所以贩运商收购农产品的总价值表示为：

$$J_{jk} = C \times W = \begin{bmatrix} W_{1jk} \times c_{1jk} \\ W_{2jk} \times c_{2jk} \\ W_{3jk} \times c_{3jk} \\ \cdots \\ W_{ijk} \times c_{ijk} \end{bmatrix} = \begin{bmatrix} J_{1jk} \\ J_{2jk} \\ J_{3jk} \\ \cdots \\ J_{ijk} \end{bmatrix} \tag{4-12}$$

接下来是第二、第三、第四阶段的交易环节，它们的交易过程以及由此产生的成本与第一阶段相似。下面对农产品的损耗成本、交易成本、库存持有成本等相关成本进行计算。

基于前述分析，农产品交易成本 AC_{jk} 主要由三部分构成，即与交易时间相关的农产品变动成本 bac_{ijk} 、意外成本 aac_{ijk} 和农产品交易的固定投入 gac_{ijk} 。

$$\begin{aligned} AC_{jk} &= \begin{bmatrix} J_{1jk} \times \omega_{1k} \\ J_{2jk} \times \omega_{2k} \\ J_{3jk} \times \omega_{3k} \\ \cdots \\ J_{ijk} \times \omega_{ik} \end{bmatrix} + \begin{bmatrix} T_{1jk} \times R_{1k} \\ T_{2jk} \times R_{2k} \\ T_{3jk} \times R_{3k} \\ \cdots \\ T_{ijk} \times R_{ik} \end{bmatrix} + \begin{bmatrix} aac_{1jk} \\ aac_{2jk} \\ aac_{3jk} \\ \cdots \\ aac_{ijk} \end{bmatrix} \\ &= \begin{bmatrix} gc_{1jk} \\ gc_{2jk} \\ gc_{3jk} \\ \cdots \\ gc_{ijk} \end{bmatrix} + \begin{bmatrix} bc_{1jk} \\ bc_{2jk} \\ bc_{3jk} \\ \cdots \\ bc_{ijk} \end{bmatrix} + \begin{bmatrix} aac_{1jk} \\ aac_{2jk} \\ aac_{3jk} \\ \cdots \\ aac_{ijk} \end{bmatrix} \end{aligned} \tag{4-13}$$

搬运损耗在第 k 阶段交易环节带来的损失成本为 B_{ijk} ，则：

$$B_{jk} = [B_{1jk}, B_{2jk}, B_{3jk}, \cdots, B_{ijk}] = \begin{bmatrix} J_{1jk} \times \varphi_{1k} \\ J_{2jk} \times \varphi_{2k} \\ J_{3jk} \times \varphi_{3k} \\ \cdots \\ J_{ijk} \times \varphi_{ik} \end{bmatrix} \tag{4-14}$$

由于农产品的自然损耗直接源于农产品的流通时间，假设呈正相关关系，由 $g_{ik}(t) = 1 - e^{-V_{i0}t}(t = T_{ijk})$ 可知：

$$G_{jk} = \begin{bmatrix} J_{1jk} \times g_{1jk}(t) \\ J_{2jk} \times g_{2jk}(t) \\ J_{3jk} \times g_{3jk}(t) \\ \cdots \\ J_{ijk} \times g_{ijk}(t) \end{bmatrix} \tag{4-15}$$

由前述分析可知，由供需失衡造成的损耗成本 LS_{ijk}，$LS_{ijk} = cc_{ijk} + JS_{ijk}$，则：

$$LS_{ijk} = [L_{1jk}, L_{2jk}, L_{3jk}, \cdots, L_{ijk}] \times \left[\begin{bmatrix} \delta_{1k}c_{1j(k-1)} \\ \delta_{2k}c_{2j(k-1)} \\ \delta_{3k}c_{3j(k-1)} \\ \cdots \\ \delta_{ik}c_{ij(k-1)} \end{bmatrix} + \begin{bmatrix} c_{1jk}(1 - f_1(t)) \\ c_{2jk}(1 - f_2(t)) \\ c_{3jk}(1 - f_3(t)) \\ \cdots \\ c_{ijk}(1 - f_i(t)) \end{bmatrix}\right] \tag{4-16}$$

如此，当天蔬菜的损耗成本为：

$$SH_{jk} = B_{jk} + G_{jk} + LS_{jk} \tag{4-17}$$

由于每一个流通参与主体基于自身获利考虑，出售农产品时都会在其采购价格基础上加成，假定加成后的收益为 M_{ijk}，结果 i 类农产品在第 k 交易阶段的交易成本 $c_{ijk} = M_{ijk} + sh_{ijk} + ac_{ijk} + cc_{ijk}$，$M_{ijk}$ 的取值一般是

i 类农产品销售额或毛利润的 $\vartheta_{ik}(0 \leqslant \vartheta_{ik} \leqslant 1)$ 倍。

由假设以及我们所学过的经济学理论可知，农产品 i 第 j 天的需求会对农产品 i 在第 $j+1$ 天的价格产生影响，对于农产品 i 在第 k 阶段交易环节第 j 天的价格，设其价格区间 $c_{ijk} \in [\min c_{ijk}, \max c_{ijk}]$，则农产品 i 在第 k 阶段交易环节第 $j+1$ 天的价格可表示为：

如果 $S_{ijk} - Q_{ijk} \geqslant 0$，则 $c_{i(j+1)k} \in \{\min c_{ik}, c_{ijk}\}$；

如果 $S_{ijk} - Q_{ijk} \leqslant 0$，则 $c_{i(j+1)k} \in \{c_{ijk}, \max c_{ik}\}$。

由于不同种类农产品间具有替代性，因而农产品的需求会受其价格的影响，具体的影响情况为：

当 $c_{i(j+1)k} \geqslant c_{ik}$ 时，那么 $Q_{i(j+1)k} \in \{\min Q_{ik}, Q_{ijk}\}$；

当 $c_{i(j+1)k} \leqslant c_{ik}$ 时，那么 $Q_{i(j+1)k} \in \{Q_{ijk}, \max Q_{ik}\}$。

由于以农产品批发中心为核心的供应链模式，其自发性、无组织性的特点以及流通链上下游信息的不透明性，对市场需求量具有一定的盲目性，只能根据上一阶段的供求关系来决定其采购量，农产品需求量 $Q_{ijk} \in \{\min Q_{ik}, \max Q_{ik}\}$，并在上述区间随机的波动，所以对于每天的采摘量 W_{ijk}，可表示为：

如果 $S_{ijk} - Q_{ijk} \geqslant 0$，那么 $W_{i(j+1)k} \in \{\min W_{ik}, W_{ijk}\}$；

如果 $S_{ijk} - Q_{ijk} \leqslant 0$，那么 $W_{i(j+1)k} \in \{W_{ijk}, \max W_{ik}\}$。

以上内容是对产销自发随机型模式下的农产品流通链所涉的相关成本模型设计。

（2）产销对接型模式下的流通链成本模型构建。

产销对接型的供应链模式和以批发市场为核心的随机自发型供应链模式最大的区别在于其组织的连贯性，供应链上下游各交易主体紧密联系，以信息为驱动，包括农产品的生产与物流活动都是基于信息驱动。具体来说，农产品生产计划是基于市场信息的指导来制订；农产品流通过程中的物流活动是通过供应链下游向上游传递的信息有计划、有目的地开展。根据图 4－3，该模式涉及的流通环节如图 4－5 所示。该模式下的农产品流通成本包含两个阶段，即物流中心阶段与销售商阶段，并由此来设计成本模型。

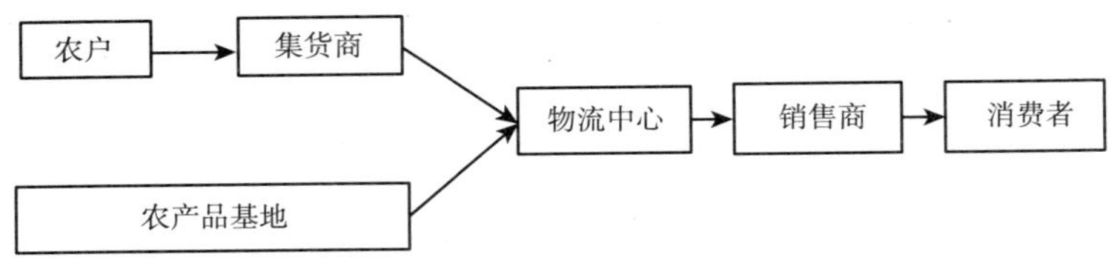

图 4－5　产销对接型供应链模式涉及流通环节

便于成本模拟分析与比较，对该模式下的成本模型作如下假设：

①该模式下的农产品价值变动函数与产销随机自发型供应链模式下的价值函数相同。

②产销对接型供应链模式下，由于基于信息驱动开展交易，与产销随机型模式不同，该模式下的农产品当天的价格基本不受前一天需求的影响。同时，根据实际情况，一定周期内的农产品的价格一般是在围绕某一中心值在一定范围内上下波动。基于此，我们可合理假定该模式下农产品的价格是一个以 0 位均值，以 σ_{ik} 为标准差的正态分布随机变量值。

③产销对接型供应链模式下，同理可假定农产品的需求量是一个符合正态分布的随机变量。如 i 类农产品第 k 环节需求基准值为 ϕ_i ，为模拟的方便，本书假定 i 类农产品在第 k 环节的需求量是一个以 0 位均值，以 σ_{qk} 为标准差的正态分布随机变量值。

④产销对接型供应链模式下，供应链上下游交易主体实现了信息共享，各交易主体的农产品采摘量或者采购量不再是毫无计划地进行，也不是以前一天的销售数据为基准，而是根据终端市场的订购订单进行合理的采摘。但是由于信息上的不准确性，农户的实际采摘量不可能完全符合终端市场的要求；如此，可合理认为 $W_{ijk} = w_{ik} + \varepsilon_{ijk}$ ，ε_{ijk} 是一个正态随机变量，同时假设 w_{ik} 等于当天的农产品订单需求量 DD_{ijk} 。

⑤除上述假设，该模式下其他的假设以及假设情况均与产销随机供

应链模式相同。

基于如上假设，该模式下的农产品价格为 $c_{ijk} = c_{ik} + \beta_{ijk}$ ，即：

$$C_{jk} = \begin{bmatrix} c_{1jk} \\ c_{2jk} \\ c_{3jk} \\ \cdots \\ c_{ijk} \end{bmatrix} = \begin{bmatrix} c_{1k} \\ c_{2k} \\ c_{3k} \\ \cdots \\ c_{ik} \end{bmatrix} + \begin{bmatrix} \beta_{1jk} \\ \beta_{2jk} \\ \beta_{3jk} \\ \cdots \\ \beta_{ijk} \end{bmatrix} \tag{4-18}$$

由于该模式下的流通是基于信息驱动，农产品的供需情况基本平衡，农产品当天的价格基本不受前一天需求的影响，而是由当天供需决定，所以农产品交易价格在其基准价格周围波动，具体情况可表示为：

若 $S_{ijk} - Q_{ijk} \geqslant 0$ ，那么 $c_{ijk} \in \{\min c_{ik}, c_{ik}\}$ ，

若 $S_{ijk} - Q_{ijk} \leqslant 0$ ，那么 $c_{ijk} \in \{c_{ik}, \max c_{ik}\}$ 。

农产品的采购量或者采摘量 $W_{ijk} = DD_{ijk} + \varepsilon_{ijk}$ ，即：

$$W_{jk} = \begin{bmatrix} W_{1jk} \\ W_{2jk} \\ W_{3jk} \\ \cdots \\ W_{ijk} \end{bmatrix} = \begin{bmatrix} DD_{1jk} \\ DD_{2jk} \\ DD_{3jk} \\ \cdots \\ DD_{ijk} \end{bmatrix} + \begin{bmatrix} \varepsilon_{1jk} \\ \varepsilon_{2jk} \\ \varepsilon_{3jk} \\ \cdots \\ \varepsilon_{ijk} \end{bmatrix} \tag{4-19}$$

由式（4-18）与式（4-19），农产品的交易总额为：

$$J_{jk} = C_{ik} \times W_{ik} = \begin{bmatrix} J_{1jk} \\ J_{2jk} \\ J_{3jk} \\ \cdots \\ J_{ijk} \end{bmatrix} = \begin{bmatrix} W_{1jk} \times c_{1jk} \\ W_{2jk} \times c_{2jk} \\ W_{3jk} \times c_{3jk} \\ \cdots \\ W_{ijk} \times c_{ijk} \end{bmatrix} \tag{4-20}$$

农产品的订单需求量可根据最近的销售情况预测，因而可合理假设当天的农产品 $DD_{(j+1)k} = Q_{i(j-1)k} + \eta_{ijk}$ ，其中假定 η_{ijk} 是一个正态随机变量，均值为 0、标准差为 σ_{qk} ，那么：

$$DD_{(j+1)k} = \begin{bmatrix} DD_{1jk} \\ DD_{2jk} \\ DD_{3jk} \\ \cdots \\ DD_{ijk} \end{bmatrix} = \begin{bmatrix} Q_{1jk} \\ Q_{2jk} \\ Q_{3jk} \\ \cdots \\ Q_{ijk} \end{bmatrix} + \begin{bmatrix} \eta_{1jk} \\ \eta_{2jk} \\ \eta_{3jk} \\ \cdots \\ \eta_{ijk} \end{bmatrix} \quad (4-21)$$

在确定式（4－18）、式（4－19）、式（4－20）、式（4－21）的情况下，该供应链模式下的交易成本、损耗成本以及存储成本的其他相关模型与产销随机自发型供应链成本模型的原理相同。

4.4 不同模式下的农产品流通链成本模拟

4.4.1 收集模拟所需初始数据

根据前述构建的成本模型，这里选择生鲜蔬菜为例进行模拟。根据中国蔬菜网上的交易信息，以 2015 年 12 月江西南昌“深圳农产品批发市场”的蔬菜批发价格为参考基准，并根据模拟的需要来推算流通链上各环节的价格（具体见表4－2），价格的推算过程中，考虑到蔬菜的价格是动态变化的，因而项目组作了一个简单处理，每种蔬菜的基准价格选择一段时间内的均值，然后再考虑各流通参与主体利润加成的情况，对流通链上下游的交易价格进行推算。为全面了解不同模式下蔬菜的流通成本情况，本书选择 30 种蔬为样本研究，并推算其在流通链上不同环节的相应价格，进而作为模拟的初始数据。

表4-2　　蔬菜样本价格　　单位：元

蔬菜名称	农户售价 c_{i1}（推算）	贩运售价 c_{i2}（推算）	集货售价 c_{i3}（实际）	终端消费购买价格 c_{i4}（推算）
平菇	1.2	1.8	2.6	3.8
豆角	1.1	2.0	2.8	4
冬瓜	0.6	1	1.35	2
黄瓜	0.9	1.8	2.8	6
茄子	0.8	1.6	3	4.5
青椒	1.5	2.4	3.3	4.8
西红柿	1.5	2.5	3.4	5
莲藕	1.2	2.3	3.5	6
莴笋	0.5	1	1.6	2
芹菜	1	1.8	2.8	3.5
菠菜	0.8	1.6	2.5	4
生菜	0.4	0.8	1.4	3
大白菜	0.35	0.5	0.7	1
大葱	1.5	2.8	4.2	6
南瓜	0.5	0.9	1.6	3
胡萝卜	0.6	1	2.2	4
白萝卜	0.7	1.1	1.6	3
菜花	1.7	2.3	2.9	4.1
蒜苗	1.6	2.5	4.2	6
茼蒿	1.4	2.8	3.9	5.6
生姜	1.7	3.0	4.7	6
土豆	0.8	1.4	2.1	3
金针菇	2.8	4.8	7.2	10

续表

蔬菜名称	农户售价 c_{i1}（推算）	贩运售价 c_{i2}（推算）	集货售价 c_{i3}（实际）	终端消费购买价格 c_{i4}（推算）
香菜	2.6	3.2	5.5	8
油菜	1	1.8	2.9	4
韭菜	1.9	2.9	4.6	6
芋头	0.9	1.5	2.2	3
西兰花	2.4	3.9	5.6	7.2
毛豆	1.4	2.8	3.5	5
茭白	1.2	2.5	3.5	5

资料来源：根据中国蔬菜网（2015）的数据整理并推算。

对于蔬菜需求量相关数据，项目组以南昌市大润发超市 2015 年 12 月的销售数据为基准值，乘以 30 来假定为整个南昌市区的蔬菜销售量，具体数据见表 4－3。同样，上述数据也作为模拟的初始数据。

表 4－3　蔬菜样本日销售量

名称	大润发销售量（kg）	南昌销售量（kg）	名称	大润发销售量（kg）	南昌销售量（kg）
平菇	141.95	4258.57	胡萝卜	229.55	6886.71
豆角	40.12	1203.60	白萝卜	222.04	6661.31
冬瓜	260.32	7809.60	菜花	68.42	2052.60
黄瓜	246.40	7392.00	蒜苗	30.53	915.90
茄子	70.86	2125.80	茼蒿	66.42	1992.60
青椒	620.85	18625.50	生姜	53.78	1613.40
西红柿	83.56	2506.80	土豆	219.45	6583.50
莲藕	48.62	1458.60	金针菇	15.35	460.80
莴笋	53.43	1602.90	香菜	40.98	1229.40

续表

名称	大润发销售量（kg）	南昌销售量（kg）	名称	大润发销售量（kg）	南昌销售量（kg）
芹菜	101.22	3036.60	油菜	302.12	9063.60
菠菜	460.20	13806.01	韭菜	78.34	2350.20
生菜	116.46	3493.80	芋头	334.62	10038.60
大白菜	456.83	13704.98	西兰花	67.36	8020.8
大葱	34.13	1023.90	毛豆	54.90	1647.00
南瓜	42.25	1267.58	茭白	71.30	2139.00

资料来源：根据调查样本数据整理所得。

不同的蔬菜的需求量通常是不稳定的，但基本上是围绕在一个基准值周围上下波动。本书根据南昌大润发日蔬菜销售量的波动，并参考其在平时与周末或节假日的销售量对比情况，设定南昌市对不同种类蔬菜的需求与供给量，同时对日需求量与供给量的最大值和最小值进行设定，如表4-4所示。同时考虑到周末、节假日的蔬菜日需求量大于平时需求量，通常是1.5~2倍；因而在具体模拟中，也将会考虑上述情况，用增求系数 α_i 来调节，以使模拟结果更符合现实情况。

表4-4　　设定的不同蔬菜日需求与供给的最大值与最小值

名称	不同蔬菜最小日需求值（kg）	不同蔬菜最大日需求值（kg）	不同蔬菜最小日供给值（kg）	不同蔬菜最大日供给值（kg）
平菇	5565.98	8608.20	4758.62	8965.67
豆角	1208.78	1989.32	1267.67	1972.09
冬瓜	11370.89	14367.75	9434.07	16134.09
黄瓜	1470.87	2445.08	1587.56	2378.90
茄子	2586.56	4013.45	2654.57	4118.56
青椒	22789.54	35420.25	23378.40	39222.08
西红柿	3409.77	4997.20	3588.30	5015.80
莲藕	2367.27	4023.33	2509.18	4232.90

续表

名称	不同蔬菜最小日需求值（kg）	不同蔬菜最大日需求值（kg）	不同蔬菜最小日供给值（kg）	不同蔬菜最大日供给值（kg）
莴笋	1834. 05	3367. 80	2088. 45	3498. 30
芹菜	3409. 45	5267. 08	3589. 33	5488. 60
菠菜	15433. 80	21006. 50	13668. 78	23779. 30
生菜	4634. 69	6842. 79	4367. 80	7530. 10
大白菜	15889. 45	25897. 50	16004. 67	26445. 30
大葱	1489. 30	1966. 50	1366. 40	2002. 56
南瓜	1630. 56	2577. 30	1611. 45	2488. 70
胡萝卜	7588. 30	11001. 40	8367. 60	10009. 45
白萝卜	9378. 40	13278. 80	8453. 09	14522. 70
菜花	2167. 45	3112. 60	2056. 44	3657. 30
蒜苗	896. 70	1170. 80	906. 70	1211. 60
茼蒿	1899. 50	2622. 30	1944. 40	2577. 60
生姜	1588. 40	2378. 90	1430. 60	2466. 50
土豆	7625. 56	12134. 60	7145. 40	12255. 40
金针菇	718. 60	950. 40	670. 30	1080. 20
香菜	1720. 60	2466. 30	1670. 50	2844. 70
油菜	1876. 50	2580. 40	1830. 55	2955. 40
韭菜	1267. 43	1766. 56	1189. 40	2033. 40
芋头	12124. 50	19340. 70	11560. 30	18450. 64
西兰花	7995. 10	9234. 50	7800. 40	9355. 60
毛豆	489. 60	680. 50	445. 80	690. 30
茭白	1488. 70	2399. 60	1366. 90	2465. 60

4.4.2 不同模式下流通成本模拟流程

要模拟分析不同模式选择对流通链成本的影响，还需构建相应平台。为此，本部分就前述设计的两种供应链模式，分别设计不同模式下的流通链成本模拟流程。首先，构建流通链中各个交易阶段成本生成的模拟平台（见图 4－6）；其次，对不同供应链模式下的主要变量生成设计流程图。

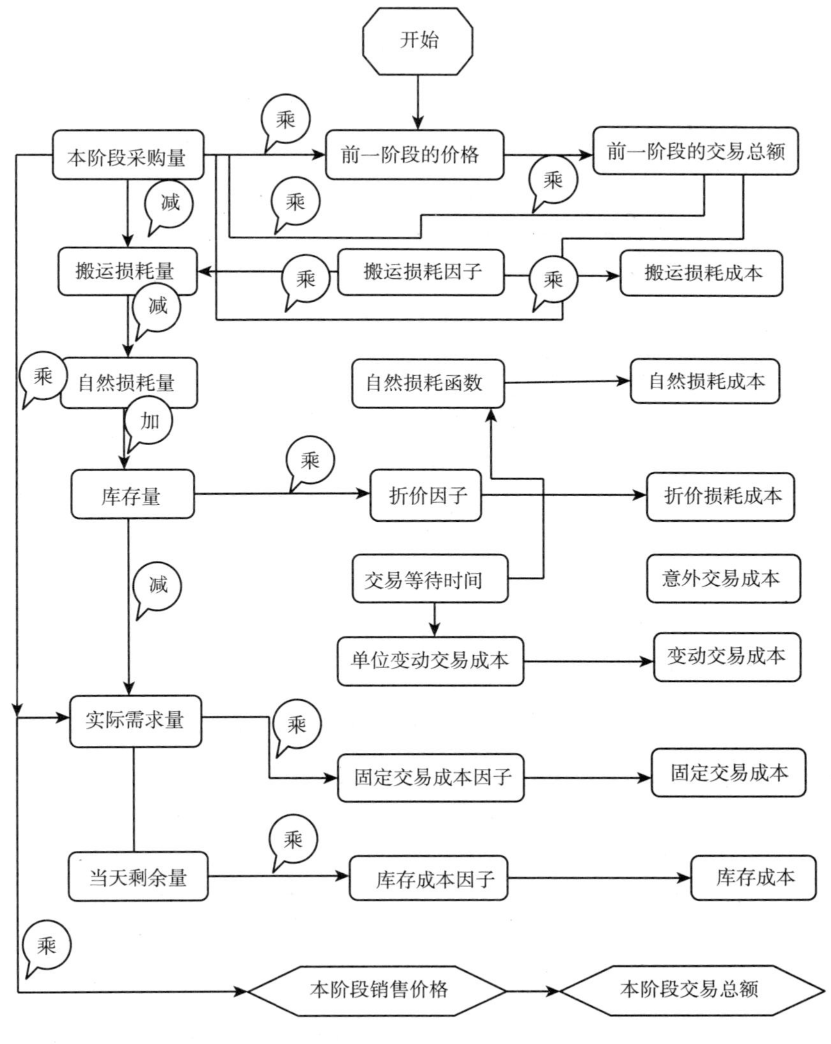

图 4－6　各成本模拟平台

(1) 产销随机型供应链模拟流程。

设计的如图4－6的模拟平台，其平台的运行还需对产销随机型模式下的各个主要变量值（包括采购量、需求量、价格）进行生成，其采购量、需求、价格等主要变量生成的模拟流程设计分别如图4－7、图4－8和图4－9所示。

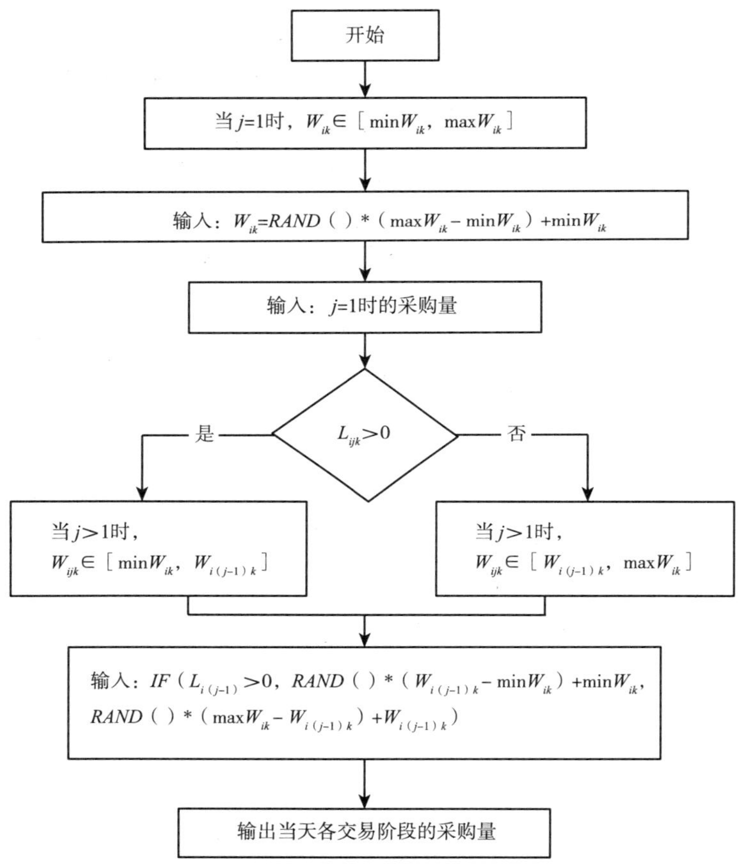

图4－7　产销随机供应链模式下采购量生成

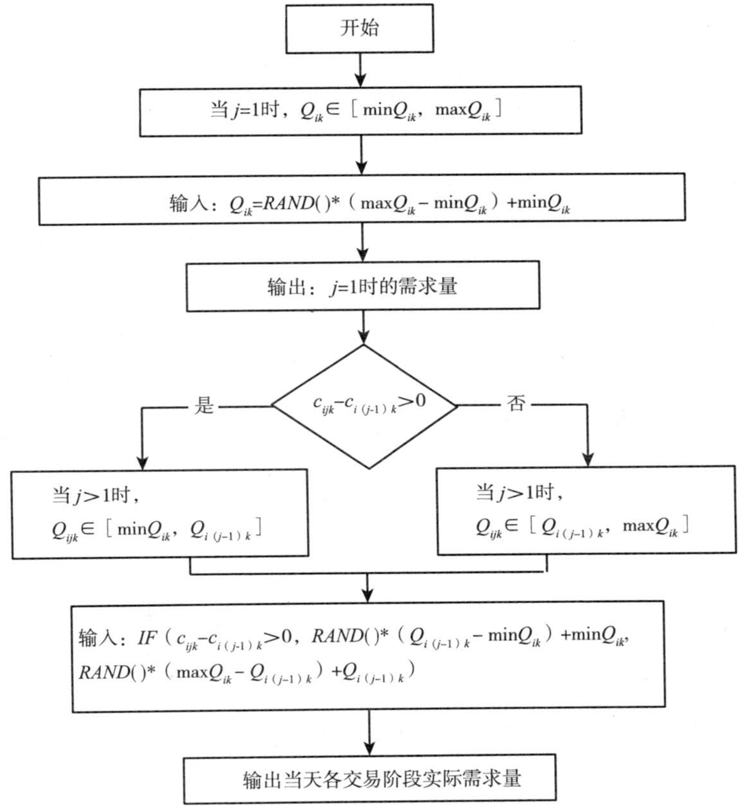

图4－8　产销随机供应链模式下实际需求量生成

在交易价格生成图中，c_{ik}（基准价格）参照表4－2价格，β_{ik}（变动价格）是以0为均值，以$\frac{c_{i1}}{100}$，$\frac{c_{i2}}{100}$，$\frac{c_{i3}}{100}$，$\frac{c_{i4}}{100}$为标准差的正态随机变量。

z_j（折价系数）是因为生鲜蔬菜由于库存的积压，没有及时销售出去而导致其鲜活性下降，从而造成蔬菜价值损失的比率。项目组根据不同蔬菜损失程度进行对它赋值，一般叶菜类为0.5，茎菜类为0.3，根菜类为0.2，本书以此为标准赋值，模拟过程中不随时间的改变而有所改变。

同样，考虑到不同特征类型的蔬菜其搬运损耗系数 φ_{ik} 也不同，这里分别设定不同蔬菜大类的搬运损耗系数。根据实际调查，其损耗系数，叶菜类设定为0.1，根菜类设定为0.02，茎菜类设定为0.04。

同时，本书在模拟过程中，将平时需求量乘以一个增求系数 α_i 来处理周末、节假日的需求，如此使成本模拟更贴近实际。

库存持有成本、损耗成本以及交易成本等变量，均按照前述建立的公式并利用模拟平台进行生成模拟。

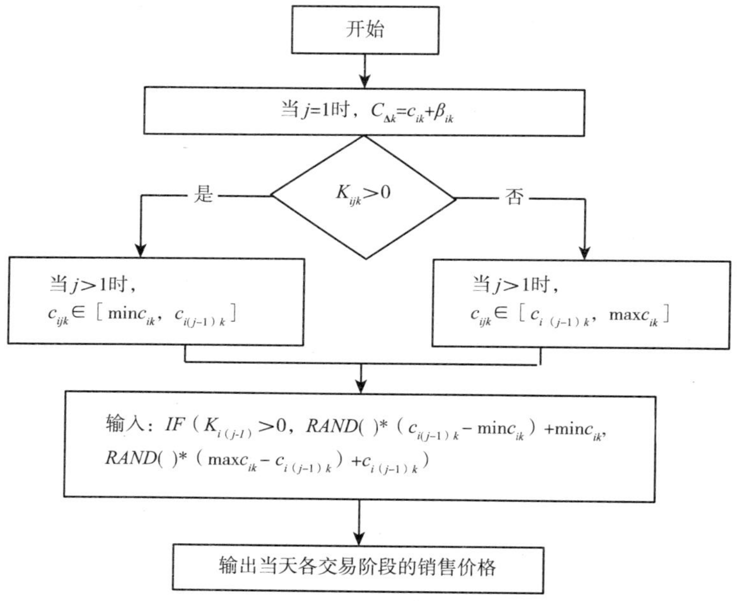

图4-9 产销随机供应链模式下销售价格生成

（2）产销对接型供应链模拟流程。

同理，设计的如图4-6的模拟平台，其平台的运行也需对产销对接型供应链各个主要变量值进行生成，其采购量、价格、需求等主要变量的模拟流程设计分别如图4-10、图4-11和图4-12所示。

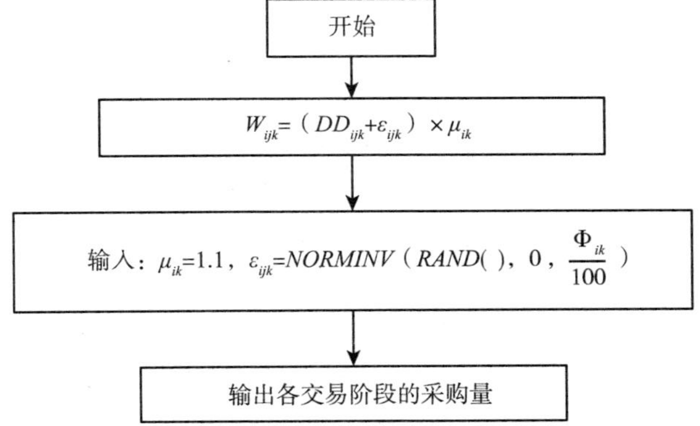

图 4－10　产销对接供应链模式下采购量生成

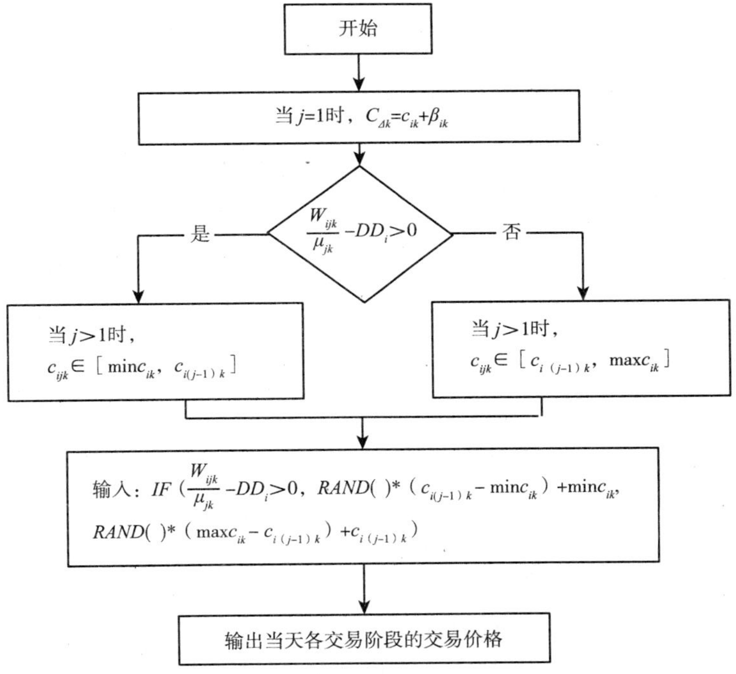

图 4－11　产销对接供应链模式下交易价格生成

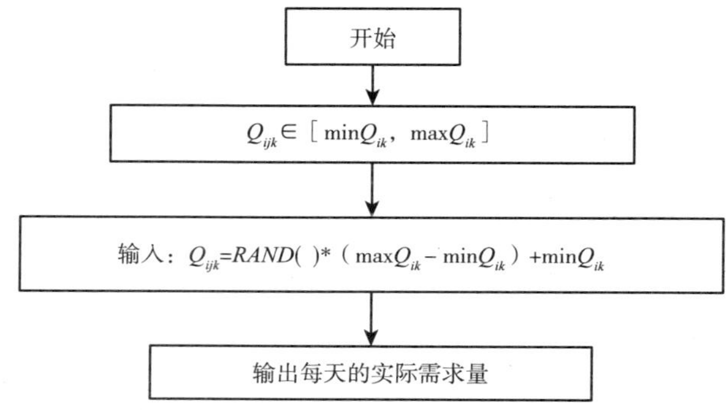

图 4－12　产销对接供应链模式下实际需求量生成

模拟过程中，在交易价格生成图中，c_{ik}（基准价格）参照表 4－2 价格，β_{ik}（变动价格）是以 0 为均值，以$\frac{c_{i1}}{100}$，$\frac{c_{i4}}{100}$为标准差的正态随机变量。

根据前述分析，DD_{ijk}（预测需求量）等于 Φ_{ik}（基准需求量）加上 η_{ijk}（随机需求量），即 $DD_{ijk}=\Phi_{ik}+\eta_{ijk}$，其中 η_{ijk} 为正态随机变量，均值为 0，标准差为 $\Phi_{(j-1)k}/100$。

同样，考虑到周末、节假日的需求一般大于平时的需求，在模拟过程中，也将平时需求量乘以一个增求系数 α_i 来处理周末、节假日的需求，以使成本模拟更贴近实际。

4.5　模拟结果及比较分析

基于前述构建的成本模型，并以表 4－2、表 4－3 和表 4－4 的数据为模型的初始模拟数据，同时，根据设计的模拟平台与流程，应用 Matlab 软件就设计的两种不同的供应链模式进行为期 14 天的模拟仿真，以比较分析供应链结构选择对农产品流通链成本的影响。

4.5.1　两种不同供应链模式第一阶段的自然损耗对比分析

第一阶段指的是农户和蔬菜贩运商交易阶段，模拟结果如表4-5和图4-13所示。可以看出，随机自发型供应链模式下的损耗成本及损耗成本占总成本的比重都远高于产销对接型的供应链模式。究其原因，随机型供应链模式下，不仅流通环节多，而且各流通参与主体间交易的随机型较大，如此易导致交易的不稳定，各主体之间并不是长期合作关系，结果是寻找交易主体的时间更多，交易等待时间更长，损耗自然相对比较高。

表4-5　产销随机与产销对接型模式下第一阶段的自然损耗比较

时间（天）	随机模式下自然损耗成本（元）	随机模式下自然损耗成本占交易额比	对接模式下自然损耗成本（元）	对接模式下自然损耗成本占交易额比
1	1820.36	0.01189	613.08	0.00686
2	1066.94	0.01923	1438.20	0.00993
3	913.23	0.01245	1618.19	0.01235
4	1032.25	0.02334	843.33	0.01275
5	1083.63	0.02372	1313.89	0.01057
6	1862.04	0.01643	1091.51	0.00907
7	2237.06	0.01209	1316.64	0.01098
8	1251.31	0.01721	972.80	0.00713
9	2339.18	0.01522	489.25	0.01109
10	1435.07	0.02325	1429.32	0.01320
11	1679.21	0.01813	802.96	0.01292
12	2111.35	0.02232	657.62	0.00750
13	1873.28	0.01361	914.07	0.00624
14	1119.47	0.01527	1369.92	0.00646

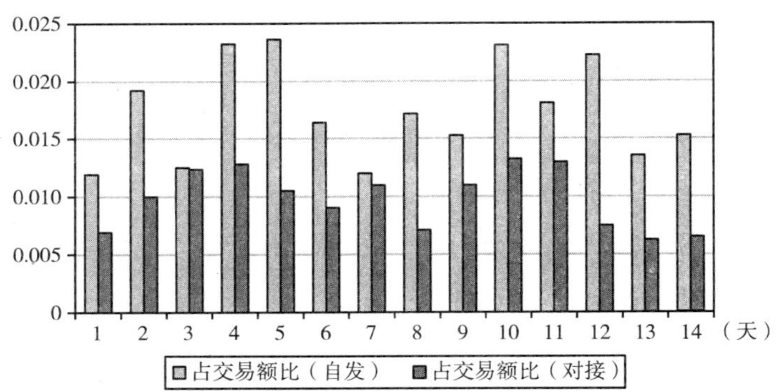

图 4-13　两种供应链模式第一阶段的损耗对比

4.5.2　随机型供应链第二阶段成本分析

第二阶段指的是蔬菜贩运商和蔬菜集货商的交易阶段。随机自发型供应链第二阶段相关成本模拟结果如表 4-6 所示。可以看出，自然损耗成本占总交易价值比重大约在 1%，折价损耗是损耗成本中占比最大的一项，为 3% ~6%，这足以说明在该交易阶段实行库存控制、预测实际的需求量是关键。由此可见，要降低折价损耗，必须提高产品供需匹配，进而减少库存是农产品流通过程中必须重视的问题，尤其对生命周期短的生鲜或鲜活农产品更是如此。三种损耗成本中，搬运损耗占比最小，基本在 0.2% ~0.3%。

表 4-6　　产销随机型模式下第二阶段相关损耗成本分析

自然消耗损失成本（元）	占总交易价值比重	折价消耗损失成本（元）	占总交易价值比重	搬运消耗损失成本（元）	占总交易价值比重	总消耗损失成本（元）	占总交易价值比重
1041.77	0.01082	0.00	0.00000	263.3378	0.003251	1305.11	0.01407
1308.92	0.00763	4871.42	0.03838	319.2077	0.003153	6499.54	0.04916

续表

自然消耗损失成本（元）	占总交易价值比重	折价消耗损失成本（元）	占总交易价值比重	搬运消耗损失成本（元）	占总交易价值比重	总消耗损失成本（元）	占总交易价值比重
982. 68	0. 01138	4437. 94	0. 04878	344. 9936	0. 003115	5765. 62	0. 06327
1338. 99	0. 01067	4622. 78	0. 05770	388. 6019	0. 002794	6350. 37	0. 07117
1347. 37	0. 01284	3169. 26	0. 02285	392. 1677	0. 003146	4908. 80	0. 03884
1394. 55	0. 01047	2650. 38	0. 06155	427. 292	0. 003311	4472. 22	0. 07534
969. 35	0. 01131	2467. 57	0. 03037	424. 8672	0. 003314	3861. 79	0. 04499
921. 01	0. 01188	2918. 54	0. 04510	284. 7783	0. 002785	4124. 33	0. 05976
1012. 50	0. 01218	3101. 62	0. 02026	306. 0063	0. 003089	4420. 12	0. 03553
1304. 96	0. 01104	5869. 41	0. 05485	328. 329	0. 002879	7502. 69	0. 06877
1191. 45	0. 01411	3466. 36	0. 05241	269. 3389	0. 00315	4927. 15	0. 06967
1380. 33	0. 01178	5303. 58	0. 04868	354. 3111	0. 002856	7038. 22	0. 06331
1132. 44	0. 00951	2193. 00	0. 03909	433. 2866	0. 003176	3758. 72	0. 05178
1378. 42	0. 01092	5057. 55	0. 05461	398. 0323	0. 002961	6834. 00	0. 06849

基于表 4 -6 数据，得到随机自发型供应链第二阶段的各项成本占比情况，如表 4 -7 所示。由表 4 -7 可知，第二阶段总成本中交易成本占据最大比重，为 1% ~2%，这是由该模式的特征决定的，即此阶段交易还未到依托相应平台——专业批发市场来支撑交易的阶段，供需双方交易随机性大，没有平台依托，合作不稳定，每次交易要花费更多的成本来寻找相应的交易主体。库存持有成本的大小与库存量的大小高度相关，其所占比比较低，主要是由蔬菜具有生鲜性的特性，与一般的农产品不同，其生命周期较短，所以存储的时间相较而言也短，从而使得的库存持有成本也比较小。

表 4 -7　　产销随机型模式下第二阶段的各项成本及占比情况

交易成本（元）	占总交易价值比重	库存持有成本（元）	占总交易价值比重	总成本（元）	占总交易价值比重
2319. 73	0. 01774	62. 46	0. 00092	5067. 13	0. 07441
2235. 50	0. 01774	157. 03	0. 00278	5120. 58	0. 09080
1913. 89	0. 01765	173. 27	0. 00317	5571. 05	0. 10183
1971. 96	0. 01855	108. 89	0. 00164	5555. 45	0. 08354
1745. 86	0. 01615	99. 83	0. 00224	8450. 04	0. 18987
1977. 87	0. 01551	161. 78	0. 00259	6539. 79	0. 10479
1685. 64	0. 01656	61. 30	0. 00120	5754. 52	0. 11297
2087. 11	0. 01669	124. 26	0. 00219	3356. 21	0. 05921
1936. 46	0. 01573	120. 91	0. 00181	4134. 87	0. 06175
1653. 28	0. 01768	160. 30	0. 00283	8630. 91	0. 15212
2144. 92	0. 01558	142. 63	0. 00246	8168. 78	0. 14076
2049. 12	0. 01846	144. 98	0. 00265	4092. 72	0. 07483
1722. 65	0. 01886	187. 72	0. 00317	9423. 35	0. 15903
1809. 25	0. 01551	90. 60	0. 00188	4335. 33	0. 08977

总体来看，该交易阶段的总成本（损耗成本、交易成本、存储成本）占蔬菜交易额的比例为 5% ~15%。

4. 5. 3　随机型供应链的第三阶段成本分析

第三阶段指的是蔬菜集货商和蔬菜批发商交易的阶段，随机自发型供应链第三阶段相关成本模拟结果如表 4 -8 所示。

由表 4 -8 看出，随着流通环节增多，流通时间相应更长，其相应自然损耗成本在逐渐上升。上一阶段蔬菜的自然损耗占交易额的比例在 1% 左右，而本阶段蔬菜的自然损耗占交易额的比例上升到 2% ~5%。

这是源于随着时间的推移，生鲜蔬菜的损耗量在不断增大。该阶段的折价损耗成本占交易额的比例也很高，占交易额的0.8% ~5%，可能是由于蔬菜的供需不匹配也会对蔬菜流通链的成本造成一定的影响。搬运成本主要与搬运蔬菜的总量和蔬菜的种类相关，这一阶段的搬运成本较上一阶段变化不是很大。本阶段总的损耗成本占交易总额的比例为4% ~9%，各项损耗成本不管是绝对值还是占比都比上一阶段要高。

表4-8　　产销随机型模式下第三阶段相关损耗成本及占比情况

自然消耗损失成本（元）	占总交易价值比重	折价消耗损失成本（元）	占总交易价值比重	搬运消耗损失成本（元）	占总交易价值比重	总消耗损失成本（元）	占总交易价值比重
4719.12	0.04479	0.00	0.00000	528.5087	0.003775	5247.63	0.04856
5585.30	0.04274	6851.35	0.02932	584.6542	0.004019	13021.30	0.07608
5617.24	0.02886	1824.96	0.00819	611.9407	0.004137	8054.14	0.04119
4555.45	0.04652	7125.51	0.01459	534.9159	0.003089	12215.88	0.06419
4435.10	0.03924	3295.11	0.01732	580.1182	0.004372	8310.33	0.06093
5215.74	0.02778	3389.84	0.04531	648.7349	0.004251	9254.32	0.07734
4672.58	0.04526	6328.07	0.00938	547.6782	0.003952	11548.33	0.05859
6915.17	0.03049	8243.61	0.00833	678.4184	0.003442	15837.19	0.04225
5794.54	0.03603	6464.75	0.04457	513.6777	0.00354	12772.97	0.08414
5188.12	0.04369	4901.68	0.04606	601.9929	0.003795	10691.80	0.09355
5249.13	0.03334	3501.07	0.04902	550.2011	0.004365	9300.40	0.08673
4762.21	0.02869	5632.28	0.03219	661.271	0.004283	11055.76	0.06517
6785.56	0.02988	8149.98	0.01992	580.5041	0.00386	15516.04	0.05366
5597.51	0.03470	2038.64	0.02223	513.0298	0.003464	8149.18	0.06039

基于表4-8数据，得到随机自发型供应链第三阶段的各项成本占比情况，如表4-9所示。由表4-9可知，随机自发型供应链第三阶段的交易成本占该阶段交易金额的比例为1% ~3%，相比第二阶段稍高，

这主要缘于在此阶段一些大型批发市场为集货商提供了交易的平台，要收取费用，导致成本上升。现实中我们也注意到相关新闻调查说到如菜市场、批发市场收取租金较高，占据相关流通商的较大比例成本，这也反映出相关设施建设还不完善，因而国家近年来也出台相关政策支持批发市场等农产品流通基层设施建设。此阶段总的交易成本占该阶段总的交易金额比第二阶段高，主要是因为该阶段的交易成本及损耗成本都比上一阶段高。

表4－9　　随机型供应链第三阶段的各项成本及占比情况

交易成本（元）	占总交易价值比重	库存持有成本（元）	占总交易价值比重	总成本（元）	占总交易价值比重
3578.78	0.02115	46.62	0.00044	10887.52	0.10363
3934.73	0.02229	108.13	0.00109	10159.03	0.10235
4136.00	0.01817	165.83	0.00140	15331.02	0.12968
3926.60	0.02349	104.85	0.00079	16574.10	0.12517
4098.82	0.02478	62.38	0.00060	17636.69	0.16880
4015.11	0.01924	144.34	0.00114	14674.67	0.11583
3531.43	0.03052	91.05	0.00085	17035.91	0.15964
3787.69	0.02401	187.08	0.00182	10829.69	0.10528
3765.26	0.02054	175.18	0.00135	17548.14	0.13477
4217.43	0.01896	173.21	0.00120	11350.16	0.07842
3539.74	0.02023	149.62	0.00156	13915.25	0.14530
3673.42	0.02184	191.93	0.00196	11288.07	0.11513
3827.46	0.01917	173.82	0.00132	12827.82	0.09743
3480.50	0.02300	97.61	0.00105	9990.56	0.10754

4.5.4　随机型供应链第四阶段成本分析

第四阶段指的是销售终端和消费者交易的阶段，随机自发型供应链第四阶段损耗成本模拟情况如表4－10所示。根据表4－10，随机型供应链的蔬菜搬运损耗成本占比情况相比其他交易阶段变化不大，唯一不同的是折价损耗比上几个阶段要高很多，这是造成此阶段的损耗成本上升的直接原因。这是由于到交易的第四阶段，零售终端不能准确地预测市场的实际需求量，结果是供过于求，致使部分蔬菜不能及时出售，同时蔬菜的鲜活特性决定其生命周期较短，因而造成损耗比一般农产品要大。同时，这也说明，对于具有鲜活特性、生命周期较短的农产品，要控制其流通链成本，保持供求平衡也是一个重要考虑因素。

表4－10　随机型供应链第四阶段各项损耗成本及占比情况

自然消耗损失成本（元）	占总交易价值比重	折价消耗损失成本（元）	占总交易价值比重	搬运消耗损失成本（元）	占总交易价值比重	总消耗损失成本（元）	占总交易价值比重
4265.49	0.02553	1469.37	0.00723	798.575	0.003463	6533.44	0.03622
6625.65	0.02184	78307.61	0.37794	899.807	0.003762	85833.07	0.40354
8223.98	0.01811	74943.45	0.34580	817.5787	0.003564	83985.01	0.36748
9020.94	0.02775	92914.79	0.37524	673.0984	0.004004	102608.83	0.40699
7194.50	0.02719	82450.35	0.39237	842.985	0.003387	90487.83	0.42295
6628.10	0.02424	91663.25	0.36559	965.9662	0.003467	99257.32	0.39329
7278.97	0.03387	91877.32	0.39595	877.8503	0.003996	100034.14	0.43381
7407.28	0.02525	87898.74	0.33636	1025.054	0.004121	96331.07	0.36573
6591.59	0.02537	79378.03	0.34685	900.24	0.003723	86869.86	0.37595
5478.92	0.03968	99068.59	0.35831	769.3869	0.003782	105316.90	0.40177
5152.93	0.03838	82370.55	0.33379	755.2982	0.003903	88278.78	0.37607
8677.67	0.04063	94043.06	0.31910	859.8956	0.00378	103580.63	0.36350
6611.89	0.02258	82794.85	0.39865	962.2111	0.003667	90368.96	0.42489
4901.21	0.01744	87961.66	0.37304	713.2645	0.003995	93576.13	0.39448

基于表4－10数据，得到随机自发型供应链第四阶段的各项成本占

比情况，如表4－11所示。根据表4－11，此阶段的交易成本占总交易金额的比例大约为3%。交易成本变化不大的主要原因在于，此阶段直接面向最终的消费者，交易时间相对前面几个阶段来说较稳定；该阶段的交易成本大幅度增长主要是由于该阶段的折价成本突然增大。

表4－11　　随机型供应链第四阶段的各项成本级占比情况

交易成本（元）	占总交易价值比重	库存持有成本（元）	占总交易价值比重	总成本（元）	占总交易价值比重
5912.97	0.02532	339.74	0.00196	22372.41	0.12888
5393.28	0.02949	332.14	0.00244	46651.10	0.34290
6639.66	0.02497	535.72	0.00282	96021.96	0.50594
6758.31	0.02375	482.18	0.00212	45491.39	0.19960
5155.00	0.02629	416.37	0.00317	71019.90	0.54045
6594.74	0.03088	131.11	0.00063	51471.64	0.24736
5858.76	0.02385	211.30	0.00119	78374.00	0.44269
5480.31	0.02623	444.94	0.00299	79710.00	0.53557
5172.12	0.02810	523.98	0.00293	99274.37	0.55504
6239.75	0.03019	184.22	0.00086	96121.26	0.44888
6376.53	0.02784	191.27	0.00111	21858.78	0.12670
6455.32	0.02530	520.58	0.00302	48828.88	0.28341
5207.70	0.02653	354.28	0.00198	40854.32	0.22807
6093.47	0.02805	462.24	0.00284	69511.39	0.42739

特别需要说明的是，由于本书的成本模拟在蔬菜的价格、各个阶段采购量、需求量，以及各个因子数值的设置和现实情况可能会有所出入，从而引起各项成本的绝对值及占比情况和实际情况会有所差异。但是，本书模拟的目的在于构建一个农产品流通链的成本模拟平台，进而为农产品流通链各参与主体提供决策参考及成本控制依据，模型中的相关参数及影响系数大小的确定，可依据不同农产品特性并结合现实情况具体调整，以更加贴近实际情况。

4.5.5 产销对接模式下流通链成本分析

根据前述产销对接供应链模式的分析，其成本主要包括三部分，一是农户与蔬菜贩运商交易阶段的自然损耗，前述已作了模拟分析；二是物流中心阶段的成本；三是对接零售终端的相应销售商阶段的成本。基于此，本部分将对产销对接供应链模式下，在物流中心以及在终端市场阶段的相关成本情况进行模拟仿真。在物流中心，蔬菜的流通链的相关成本模拟及占比情况如表4－12所示。

表4－12　产销对接型模式下物流中心阶段的各项损耗成本和占交易值比情况

自然消耗损失成本（元）	占总交易价值比重	搬运消耗损失成本（元）	占总交易价值比重	总损耗成本（元）	占总交易价值比重
1442.00	0.00559	320.89	0.00157	1762.89	0.00717
2086.72	0.00454	321.91	0.00174	2408.62	0.00629
1554.93	0.00418	464.90	0.00188	2019.83	0.00605
1487.13	0.00584	512.58	0.00153	1999.71	0.00737
1144.58	0.00536	504.64	0.00250	1649.22	0.00785
1382.77	0.00513	609.94	0.00247	1992.71	0.00760
943.38	0.00558	430.84	0.00212	1374.21	0.00770
741.27	0.00635	443.81	0.00207	1185.08	0.00842
2056.82	0.00452	488.32	0.00202	2545.14	0.00654
1971.05	0.00486	450.76	0.00234	2421.80	0.00719
1334.10	0.00611	340.17	0.00197	1674.26	0.00808
873.96	0.00724	618.07	0.00164	1492.03	0.00888
2042.67	0.00442	425.89	0.00235	2468.57	0.00678
2057.14	0.00771	440.12	0.00220	2497.26	0.00990

根据表4－12，蔬菜在物流中心的自然损耗成本占比相比随机型供应链的各个阶段要低很多。这主要是由于该阶段，上游的采摘或采购活动主要是基于物流中心的订单信息驱动组织安排，因而基本上不会出现

库存积压带来的库存持有成本的产生；同时物流中心承担产销对接平台的整合功能，进入物流中心的蔬菜交易等待时间也较短，损耗成本也相应会降低。由此，物流中心的损耗成本、交易成本以及存储成本绝对值和占比都比较低，它的主要成本构成为分拣加工成本、运输成本，然而考虑到这些成本相对来说是"静态成本"，两种供应链模式选择下相差不大，因而不是模拟分析的重点。

对接供应链模式在销售商（零售终端）的相关成本模拟结果如表4－13所示。根据表4－13，对接供应链模式下，蔬菜在零售终端的损耗成本要远远小于产销随机模式下的零售终端的损耗，这主要是由于自然损耗成本以及折价成本的下降。我们知道，对接供应链模式下，交易主体的采购是按照市场需求量或者是订单来计划的，实现供求的基本平衡，减少蔬菜在流通链上的成本。

表4－13　　产销对接型模式下销售商阶段的各项损耗成本和占交易值比情况

自然消耗损失成本（元）	占总交易价值比重	折价消耗损失成本（元）	占总交易价值比重	搬运消耗损失成本（元）	占总交易价值比重	总消耗损失成本（元）	占总交易价值比重
6204.71	0.03793	0.00	0.00000	876.93	0.00346	7081.64	0.04138
8909.16	0.03527	4321.69	0.03999	877.78	0.00485	14108.63	0.08011
6803.21	0.04692	3476.72	0.02216	984.37	0.00389	11264.29	0.07296
6309.90	0.02292	7302.99	0.01095	1056.31	0.00518	14669.21	0.03906
6510.64	0.04546	6471.91	0.01026	1017.38	0.00550	13999.93	0.06122
9204.10	0.03797	6696.27	0.04788	967.91	0.00472	16868.28	0.09057
6687.00	0.04003	0.00	0.00000	1012.16	0.00550	7699.17	0.04553
6859.01	0.03574	0.00	0.00000	971.18	0.00549	7830.19	0.04123
8472.17	0.03552	4348.05	0.05599	944.54	0.00452	13764.76	0.09603
9096.60	0.03538	8529.59	0.04833	886.23	0.00460	18512.42	0.08832
7801.10	0.03415	4518.78	0.02225	936.67	0.00577	13256.55	0.06218
5955.53	0.02264	4554.97	0.01142	1210.44	0.00550	11720.95	0.03956
6020.96	0.02385	3763.37	0.00711	942.11	0.00482	10726.45	0.03577
6040.84	0.04624	0.00	0.00000	905.49	0.00580	6946.33	0.05204

基于表4－13数据，得到对接供应链模式下在零售终端各项成本占比情况，如表4－14所示。根据表4－14，零售终端的交易成本占该阶段的交易总额的比例为3%，和随机型供应链的第四交易阶段的交易成本大体一致，主要原因是在模拟过程中，对产销随机与产销对接两种供应链交易成本的单位变动因子，设置了同样的数值系数。然而，现实中相对于产销随机供应链模式，产销对接模式下农产品的单位交易成本要小得多。

表4－14　对接供应链在零售终端各项成本以及占比

交易成本（元）	交易成本占交易额比	存储成本（元）	存储成本占交易额比	总成本（元）	总成本占交易额比
6876.66	0.03406	254.69	0.00126	19617.72	0.09718
7247.48	0.03964	231.33	0.00127	22863.71	0.12506
6556.20	0.03498	208.18	0.00111	16883.38	0.09009
6728.68	0.02965	294.02	0.00130	15962.12	0.07034
7014.06	0.03923	97.24	0.00054	16139.42	0.09027
6626.81	0.03169	143.10	0.00068	23013.68	0.11007
6539.09	0.03309	147.17	0.00074	18961.15	0.09596
6350.60	0.03682	295.45	0.00171	16152.18	0.09365
6779.81	0.02892	104.45	0.00045	20424.22	0.08711
6553.20	0.02914	231.08	0.00103	18017.52	0.08012
7132.54	0.03696	105.58	0.00055	16456.30	0.08527
6357.40	0.03747	302.35	0.00178	16416.92	0.09675
6290.08	0.02907	203.34	0.00094	19371.96	0.08953
6983.17	0.03747	112.54	0.00060	16816.84	0.09022

4.5.6 供应链结构选择下的对比分析

根据前述分析，随机自发型供应链模型下，农产品流通包含四个交易阶段，并且由于交易的无组织性和随机性，导致交易时间延长，从而造成蔬菜流通成本的上升。在随机型供应链模式下，各个交易主体的采购量具有一定的盲目性，引起供求关系不平衡从而带来各种折价损耗成本以及库存成本，这也是导致现阶段广大农民“增产不增收”困境最根本的原因。要走出这种困境，供应链的上游主体就必须依据目标市场的需求量来有计划地组织采购或者采摘。相较而言，产销对接的供应链则只有 3 个交易主体，2 个交易阶段，蔬菜的流通时间、交易成本以及损耗成本都比较低。根据前述模拟与结果分析，从流通链的角度对不同供应链模式选择下的流通相关成本进行比较分析，如图 4 – 14、图 4 – 15、图 4 – 16 和图 4 – 17 所示。

根据图 4 – 14，农户与终端市场对接的供应链模式因为交易时间的大幅度缩短以及交易阶段的缩减，致使蔬菜在流通过程中时间减少，搬运次数减少，蔬菜的自然损耗成本以及搬运损耗成本下降；同样由于这种对接模式是通过市场订单进行采购，有效降低了供需的不平衡情况，把蔬菜的库存积压降低到最少，减少了折价等来造成的损耗，从而使损耗成本比随机型供应链模式减少了 3/4 ~ 5/6。

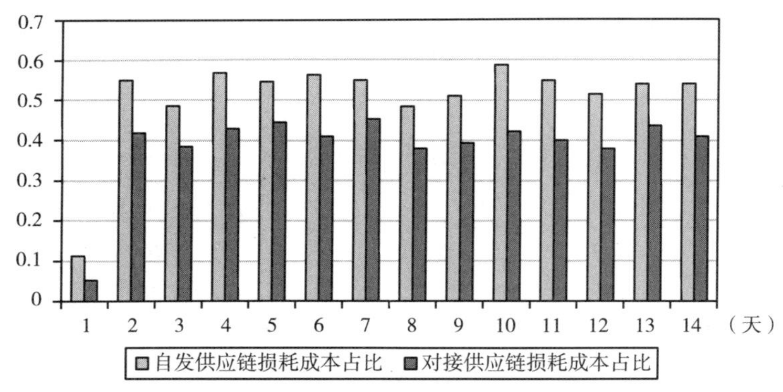

图 4 – 14　两种不同蔬菜供应链模式下的损耗成本占比比较

根据图 4 – 15，由于对接型供应链删减了蔬菜的交易环节、缩短了蔬菜的交易时间，从而使该模式的交易成本比随机型供应链的交易成本减少了50%左右。同时，周六和周日的蔬菜交易成本较平常低，这主要是由于这两天的蔬菜需求量大，交易数量增加，分摊了蔬菜的交易成本，这表明增加蔬菜的交易数量是降低供应链成本的有效途径。

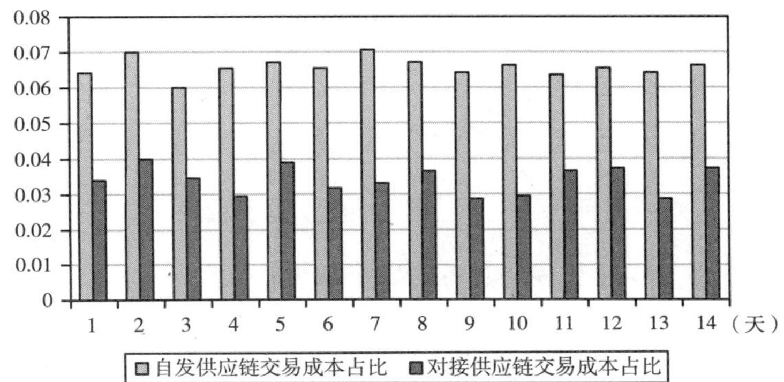

图4-15 两种不同蔬菜供应链模式交易成本占比

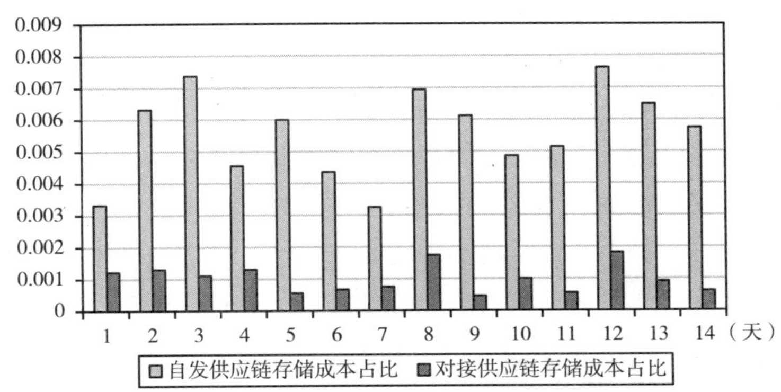

图4-16 两种不同蔬菜供应链模式存储成本占比

根据图4-16，在对接型供应链模式下，蔬菜的库存持有成本相比产销随机型模式也存在大幅度下降的现象，特别是在周六与周日这两天，产销对接型供应链模式接近“零库存”，这种情况和模型设置的周末增求因子的大小相关，这也符合现实情况。

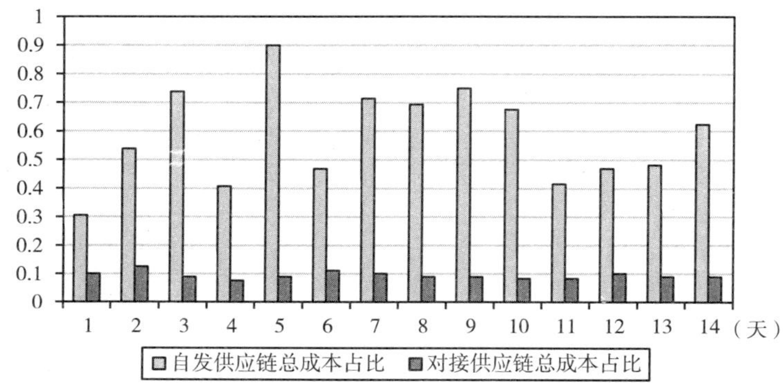

图 4－17　两种不同蔬菜供应链模式总成本占比

综合图 4－14、图 4－15 和图 4－16 反映的损耗成本、交易成本、储存成本情况，两种模式下总的流通成本比较如图 4－17 所示。根据图 4－17，对接型供应链模式下的流通链总成本大约是随机型供应链模式下的 1/8～1/4，如果再把蔬菜的运输成本以及包装成本等添加进去，则可能会差距更大。

基于比较分析结果看出，在随机型蔬菜供应链模式下，由于各交易环节的随机性以及无组织性，农户种植和采摘具有盲目性使得各个交易阶段的供需关系失衡，不仅导致流通成本上升，而且蔬菜在价格上也呈现不稳定性，致使各交易主体的经济效益受损。而各交易主体为减少利益损失，在各个交易阶段提高蔬菜的价格，产生流通链的“叠加效应”，结果是销售终端蔬菜价格的大幅度增加，损害了消费者的权益。同时，该模式下蔬菜的流通时间较长，对其鲜活性的特征有较大影响，进而产生价值的损耗。相比较而言，产销对接型模式下，流通时间更短，交易环节更少，在一定程度上有效地降低了蔬菜的流通成本，交易主体在保证自身利益的情况下能够以比较低的价格出售；同时由于蔬菜的流通时间比较短，蔬菜鲜活性特征有更好的保障。如此，能更好地满足市场对生鲜蔬菜质量、价廉的要求，同时也在一定程度上实现农民增产增收，销售终端获得高收益，消费者获得满意度高农产品的“三好”局面。

4.6　本章小结

从典型农产品流通链的相关主体成本与利益匹配调查可以看出，要降低农产品流通成本、提升流通效益，流通模式的改进与提升非常关键。鉴于此，本章基于农产品供应链结构选择优化视角，以生鲜蔬菜为例模拟分析不同供应链模式下的农产品流通成本，进而为农产品流通成本控制策略选择提供新的视角和依据。首先，在总结分析农产品供应链现状基础上，综合其现有农产品供应链特征，设计了产销随机型与产销对接型两种农产品供应链模式；其次，基于设计的两种供应链模式，分别构建两种模式下的流通链成本模型；最后，根据构建的成本模型，以蔬菜为例应用 Matlab 软件对两种模式下的流通链成本进行了模拟与比较分析，从而清晰看出不同供应链结构选择对农产品流通链成本的影响，这也为后续农产品流通链成本控制策略的提出提供了有力的依据。

第5章　农产品质量影响因素分析与评价

——基于供应、消费两个视角的实证

食品质量安全关乎人民的健康及生命安全，随着经济的发展，人民生活水平的日益提高，广大消费者对食品质量安全的意识也在逐步增强。然而，现实情况是我国的食品质量安全现状并不令人满意，近年来食品质量安全事故频发。根据2015年全球食品安全指数报告，中国在109个被评估的国家中，综合排名42位，甚至不如南非，这与中国经济总量世界第2的排名极不匹配。

农产品，既是食品的组成部分，也是食品生产的主要原料来源。毫无疑问，关注农产品质量的影响因素，进而有效管理与提升农产品的质量，可促进食品质量安全问题的治理。近年来，从发生的食品质量事故的典型案例看，问题大多源自农产品的生产与流通环节。由此看出，对农产品质量进行有效管理与控制，应从包含农产品的生产、流通与消费的流通链系统整体视角出发。但纵观农产品质量研究内容，从局部如农户视角、核心企业视角、组织模式视角等开展研究的居多，而站在农产品流通链视角，整体上将农产品质量涉及的生产、流通与消费环节串联起来进行研究的仍偏少；对影响农产品质量各因素的整体性和关联性研究较缺乏，多关注于单一层面或单一因素对农产品质量的影响，忽略了因素间的相互作用及从定量角度评估各因素的重要程度和紧迫程度。基于此，本章将基于农产品的供应与消费两个视角分析与评价农产品质量影响因素，如此，基于农产品供应视角，将综合考虑农产品的生产与流通环节，同时消费者的认知与反应将会反过来影响农产品供应质量。

5.1 农产品质量影响因素分析

5.1.1 基于供应视角的分析

基于供应视角分析农产品质量影响因素，整体上看，可分为供应链内部因素，即农产品供应链各参与主体内部的相关因素；供应链外部因素，即影响农产品供应链各参与主体体合作协同的因素；供应链的环境因素，即影响农产品质量的自然环境、政策环境等因素。

(1) 内部因素。

根据上述对供应链内部因素的界定，影响农产品质量的内部因素主要是指供应链上各参与主体自身拥有的主观意识和客观条件，包括对农产品相关技术的认知、自身能力水平及农产品质量安全的责任意识等。内部因素是农产品质量源头上的影响因素，也是农产品质量管理的基础。

①技术认知。生产技术的认知。随着社会生产力的提升，农业生产技术也在日益成熟，在农耕社会时期正是由于生产技术落后，而极大地限制了农产品产量。而随着农产品生产技术的提升，农产品的生产质量也能得到更好的改进。因此，生产者对生产技术的认知程度能在很大程度上影响农产品的质量安全。

投入品技术的认知。投入品主要包括化肥、农药等化学药剂，这些化学药剂的投入在一定程度上能改善农产品的产量和质量，但过多的投入反而会使农产品的质量受到消费者的质疑。

检验、检测技术的认知。农产品在生产和流通过程中有相应的质量检测的环节，这个环节主要由相关政府部分实施完成，但需要参与者的配合。而参与者对这个环节的认知程度也将影响相关参与者对农产品质量控制的意愿。

②责任意识。生产者责任意识。在整个农产品供应链中，作为在农产品源头起主导作用的生产者，其责任意识对农产品质量安全管理至关重要。如果生产者缺乏责任意识将直接导致农产品源头出现质量安全问题，这将对后面农产品流通过程的各个环节都将产生影响。

企业管理层责任意识。现代农业生产、加工等各个环节都越来越趋向于规模化的企业经营。由此，作为在企业中起经营决策主导作用的管理层对其生产的产品质量安全的态度与责任，对最终生产出来并面向下游采购商或终端消费者的产品的质量有着重要影响。

农产品的质量安全问题导致风险的意识。无论是农产品的直接生产者（如农户），还是农产品流通加工的企业，如果农产品质量安全给他们带来的经营风险和损失巨大，那么农产品生产者和各大企业就会提高农产品质量来规避这些风险。

③能力水平。文化程度。文化程度主要是指农业生产者的受教育程度。在现代化程度越来越高的现代农业生产过程中，对农业生产者的文化程度要求越来越高。这不仅仅关系到农业生产的效率问题，也关乎农业生产过程的安全意识和相关专业知识。有了专业的技术知识水平，才更加有利于保证农产品的质量安全。

受培训程度。类似于企业员工的技术培训，农业生产也越来越重视生产者的技术培训。培训的程度很大程度上决定了生产者生产过程的正确操作和合理安排，也就影响了生产者在使用农药、化肥、添加剂等的科学态度，从而影响农产品的质量安全。

生产服务和指导。在现代农业生产过程中，相关技术人员对农产品生产与质量的控制进行有针对性的技术服务和指导将对农产品质量安全产生重要影响。

销售收入。农产品生产与加工企业销售收入的多少，会对其在产品质量安全方面的投入产生一定的影响，进而影响其对生产的产品质量安全的控制意愿。一般来说，一个企业销售收入越高，在产品质量安全方面的相关投入就越大，同时对于其生产或加工的农产品质量安全的控制意愿也就越强。

企业规模。企业规模的大小会影响企业在农产品质量安全方面的控制意愿。一般来说，一个企业规模越大，考虑到其企业的影响与品牌，对于农产品质量安全的控制意愿也就越强。

（2）外部因素。

根据前述对供应链外部因素的界定，主要是指农产品生产组织和流通过程中影响链上成员合作协同的因素。具体包括：

①生产与流通组织化程度。生产组织模式。生产组织模式主要包括散户生产模式、规模化的基地生产模式、合作社生产模式、企业一体化生产模式等。由此可知，不同的生产组织模式对农产品质量安全的影响是不同的，一般来说，规模化的基地生产模式、合作社生产模式和企业一体化生产模式要比散户生产模式更加有利于保障农产品质量安全。

流通一体化程度。流通一体化程度越高，越有利于农产品质量安全问题的责任追溯，农产品质量安全越有保障。

农产品经济效益。经济效益是农产品供应链上成员从事相关经营活动的直接动力。只有在保证一定的经济效益的同时，链上成员才有控制农产品质量的意愿。

农产品进入市场途径。农产品进入市场途径多种多样，有分散小农户直接出售于农贸市场途径、“农超对接”进入市场途径等。进入市场模式不同，农产品检验、检测过程，农产品质量的控制程度也不一样，进而影响了农产品质量安全。

②供应链协同程度。农户间协同程度。同一品种种养农户间可以进

行合作，统一生产标准，规范化管理，投入资金相互扶持，最后形成利益共同体。只要有一个农户生产出了质量安全问题，其他农户也会受到影响，使他们共同形成质量安全的相互监督体系，从而提高农产品质量安全。

企业间协同程度。企业间协同程度是在农产品供应链上，相关企业在向前或向后两个方向上就其经营的业务开展协同合作的程度。农产品生产、加工及流通企业的合作程度越高，对农产品质量安全控制越有利。如我国现行鼓励并推行的“农产品生产加工企业 + 农产品基地”“超市 + 农产品加工企业 + 农户”等模式都是农产品供应链协同合作的典范。通过农产品供应链上企业的协同合作，一方面可弥补农产品散户生产规模小、质量安全控制成本投入高等缺陷；另一方面还可通过链上企业的合作，构成利益共同体，起到对质量安全相互监督的功能。

流通商与上下游企业间合作。在农产品流通过程中，中间商是连接农产品生产与消费的环节，发挥着调节供求、流通集散的重要职能。上下游企业间合作主要指中间商与农产品生产、加工企业（生产者也包括初级农产品生产者，农户）的合作，如果它们之间合作越紧密，则越有利于共同把握市场机遇，促进农产品市场流通顺畅，提升农产品生产者质量控制意愿；同时紧密合作也有利于农产品质量的追溯。

链上成员的利益分配。农产品流通过程中，链上成员利益分配是否合理会直接影响链上成员对农产品质量控制的意愿。如果利益分配不合理，利益分配不利者对农产品质量控制的动机不高，如此将会影响整条链上农产品的质量。

物流控制。农产品从生产者到消费者的流通过程中离不开相应物流活动的支持，而其中的物流控制对农产品质量安全有着重要影响。优质的农产品供应链物流服务与控制，应用运输跟踪技术、过程控制技术、加工包装技术等，可以提高农产品流通效率，降低物流环节的质量安全风险。

③信息共享度。质量安全信息共享。质量安全信息共享是指企业将把自己所经营农产品的质量安全信息透明化，不仅让供应链环节上的其他企业了解并同时采取必要措施保证后续流通过程的质量安全，也是政府管理部门建立数据库，记录从生产、加工、流通、销售等各个环节的质量安全信息数据，有利于建立农产品供应链可追溯系统，系统保证农产品质量安全。

经营业绩信息共享。各企业之间的经营业绩信息共享，有利于企业信息透明化，从而监督企业在农产品质量安全方面的投入，保证农产品质量安全。

共同制订计划或者沟通。在供应链纵向合作一体化的生产模式下，加强沟通和共同制订计划，有利于汲取多方面的力量保证农产品质量安全。

质量控制的最新进展共享。质量控制的最新进展共享包括企业最新研究的农产品质量安全控制技术和一些成功有效的农产品安全管理经验。通过相关技术与经验的共享，有利于降低由于信息不对称导致农产品质量安全带来的风险。

（3）环境因素。

①生产地自然环境。农业灌溉。目前，由于工业化的迅速发展，农业灌溉的水质遭到严重污染，再加上水资源的日益匮乏，合理安全的农业灌溉成为农产品源头质量安全保证的关键。

土壤残留物。土壤对于种植农产品至关重要，由于垃圾、工业污染等原因，土壤残留物成为土壤污染的重要原因，土壤残留物不仅包括肉眼看得到的诸如白色污染物，也包括肉眼无法识别的土壤中含有的有毒重金属、相关微生物等。土壤中含有残留物的多少，将对农产品的种植与生长质量产生重要影响，并进而影响农产品的源头质量。

大气环境。大气环境主要是指影响农产品质量安全的空气质量，空气污染物直接影响农产品的质量安全。

②政策环境。农产品质量控制与管理的法规体系，是从国家与政府层面，制定并出台的、面向用于监督控制农产品质量安全的法律制度，如食品质量的相关法律法规。由此可见，法规体系的健全和完善对于农产品质量安全影响很大。

追溯制度。农产品质量的追溯体系建立可在一定程度上保障农产品质量安全。如应用信息技术，对参与农产品供应链的各相关主体、涉及的相关流通环节建立产品质量安全的信息数据库，则可对农产品质量进行追溯，如此有利于从各个环节全方位保障农产品质量安全。

召回措施。对有质量安全问题的产品实施召回措施，对农产品质量安全控制有一定的促进作用，同时也有利于减少有问题的农产品流入终端消费者手中。但其成功实施的前提是农产品质量安全追溯体系的建立与完善。

惩罚力度。对出现农产品质量问题的责任者惩罚力度的大小直接影响生产者和企业对于农产品质量安全的重视程度。

监管力度。监管力度是指政府监管部门是否采取了有效、有力的监管措施和惩罚措施对农产品进行监管，从政策监管层面约束农户和企业，保证农产品质量安全。

政策宣传与认知。政府关于农产品质量安全法规体系以及相关制度的宣传和认知会影响供应链上的农产品质量安全监督工作。因此，政策宣传与认知做得越好，越有利于农产品质量安全的提升。

从上述分析看出，从农产品的供应视角看农产品质量的影响因素，数量众多；同时从理论研究角度看，为了实证分析处理的可行性，相关因素不宜过多，因而需要将影响程度小的因素指标进行筛选处理。为此，本书通过向相关学者、江西农业厅、农业龙头企业的管理者等专家咨询并进行问卷调查，从农产品的供应视角，形成了如表 5 - 1 的影响因素指标集。

表 5－1　　　　基于供应视角的农产品质量影响因素指标集

一级指标	二级指标	三级指标
供应链内部因素	技术认知	生产技术的认知
		投入品技术的认知
		检验、检测技术的认知
	责任意识	生产者责任意识
		企业管理层责任意识
		农产品质量安全问题带来的风险意识
	能力水平	文化程度
		受培训程度
		生产服务和指导
		农产品销售收入
		企业规模
供应链外部因素	组织化程度	生产模式
		流通一体化程度
		农产品经济效益
		农产品进入市场途径
	协调程度	农户间协同程度
		企业间协同程度
		企业与农户间的订单往来
		上下游企业间合作
		链上成员利润分配
	信息共享	质量安全信息共享
		经营业绩信息共享
		共同制订计划或者沟通
供应链环境因素	生产地自然环境	农业灌溉
		土壤残留物
		大气环境
	宏观政策环境	法规体系
		追溯制度
		监管力度

5.1.2 基于消费视角的分析

根据前述分析，基于农产品流通链整体来分析农产品质量的影响因素，除了从综合考虑农产品生产与流通环节的供应视角来分析其影响因素，同时还要明晰消费者的认知与反应将会反过来影响农产品供应质量。具体来说，如在市场上购买农产品时，消费者往往会从直观的角度看待质量安全，如影响力大的品牌的产品通常会使消费者觉得质量更好；包装的好坏和价格的高低也能引导消费者对产品质量的看法。作为农产品质量管理的受益者，消费者在农产品质量问题上所体现出的态度，对政府的质量监管与农产品生产者、加工者、销售商的质量安全管理有着深刻的影响，即消费者自身的农产品质量安全意识与实践在一定程度上影响着农产品安全管理的有效程度。

同样，本书通过向相关学者、江西农业厅、农业龙头企业的管理者等专家咨询并进行问卷调查结果，基于消费视角的农产品质量影响因素主要包括消费倾向和习惯、购买能力和购买地点、对产品的信任和了解程度、消费者的品牌意识、信息服务和政府管制、健康与风险意识、价格因素等七个方面。

(1) 消费倾向和习惯。

在长时间的消费过程中，每个消费者都会形成自己的消费习惯，而习惯通常是一种非理性因素。消费者在以习惯消费时较少会去考虑质量问题，在这一部分消费过程中农产品的质量很难得到保障。

(2) 消费者的购买能力和购买地点。

消费者对农产品质量安全问题的态度要以一定的购买能力和市场来作为前提。当收入水平低下的时候，个人的消费能力有限，消费者无心关注产品质量的问题。在一些交通不便，位置偏僻的地区，市场所能提供的农产品种类和数量都很有限，消费者在购买农产品时选择的余地很小。

（3）对农产品的信任和了解程度。

农产品质量的好坏很难直观地判断出来，一般是在消费者使用后才能作出判断，因此就消费者在购买时根据日常生活中积累的消费经验对该类产品有必要的了解。而这种依据经验的判断有时并不正确，于是消费者对某一种农产品的信任度也是影响消费的一个因素。

（4）消费者的品牌意识。

市场上的农产品有很多大小不同的品牌，各个品牌的商品来源也很多，具有一些影响力的大品牌的农产品来源往往会比一些不知名的小品牌要可靠。若消费者在选购农产品时具有一定的品牌意识，则质量安全问题也会有相应的改善。

（5）信息服务和政府管制。

政府对农产品市场的管制力度将决定了在市场上买到不合格农产品的概率，加大政府的监管力度会淘汰掉一部分不合格的农产品，使市场更加规范。市场信息越透明越便于消费者在不同的商品中作出在自己看来更合理的选择。如果消费者能得到更好的信息服务，对政府管制有更多的信心，则将影响消费者对农产品的选择。

（6）消费者的健康与风险意识。

随着生活质量的逐步提高，人们也越来越注重健康问题，农产品的质量问题给消费者带来最直接的影响就是可能面临的健康风险，而消费者对这一风险的个人评估将会直接影响消费者对农产品质量问题的重视程度。

（7）价格因素。

价格是平衡供给和需求的重要因素，通常价格越高，需求越低，并且高质量的农产品在一定程度上也将在价格上体现。当消费者为获取高质量的农产品，其付出的价格也越高。如此，将有部分消费者依据个人收入水平对消费策略进行调整。明知农产品质量无法得到保障，也只有无奈地接受农产品带来的健康风险。

5.2 评价方法选择

从前述分析看出，影响农产品质量的因素众多，但不同的因素影响程度不一样，如何判定哪些是关键因素，哪些因素对农产品质量有直接影响，哪些因素是通过别的因素或中间媒介来影响，影响因素间是否存在相互作用机制；等等。这正是本部分要解决的问题，即对相关影响因素进行评价。通过评估相关因素的影响程度及影响机理，进而为农产品质量控制的决策提供参考和依据。

考虑到影响农产品质量的因素众多，并且因素间也可能存在相互作用；同时农产品的质量控制应从流通链系统整体出发，系统内各质量影响因素的交互作用机制很难确定，而且其中的核心作用因素也不好找。基于上述农产品质量影响因素评价过程中存在的困难分析，DEMATEL方法对解决上述问题具有可行性，可为影响因素的识别提供科学依据。

DEMATEL（decision making trial and evaluation laboratory），决策试验与评价实验室方法，最早由美国学者于20世纪70年代提出，是基于数学中的矩阵与图论原理来对因素进行系统分析的一种方法。该方法可通过对系统内相关要素间的关系进行判断与评价，进而找出各因素间存在的逻辑关系，并根据其逻辑关系来构建因素间的直接影响矩阵，从而可计算出系统内各因素间的相互影响程度，包括各因素影响其他因素的程度及被其他因素的影响程度；在基础上，进一步可计算出相应因素的中心度与原因度，通过中心度可判定哪些是关键影响因素，通过原因度可判定因素的属性，即是单一直接影响评价对象还是可双重影响评价对象（因素自身直接影响及通过其他因素间接影响）。DEMATEL 方法既考虑系统内因素间的相互直接影响关系，又通过影响矩阵的计算结果来反应系统内所有因素的间接影响关系（Hori and Shimizu，1999）。

从上述看出，采用 DEMATEL 方法来评价农产品质量影响因素，符合本书从流通链系统整体视角的初衷，也有具有一定的可行性。包括评价过程简单明了，评价结果既可以反映影响因素之间的因果与逻辑关系，又可对相应因素的影响程度进行排序，进而找出核心关键影响因素（李中东、孙焕，2011）。

在运用 DEMATEL 方法分析农产品质量因素影响程度时，本书从农产品的供应与消费两个视角进行评价。供应视角的评价，基于表 5－1 将影响因素分为供应链内部因素、外部因素、环境因素三个一级指标，分别就每个一级指标进行评价分析。为使评价分析过程更加明了，也有利于对评价结果的分析与整理，具体过程步骤为：

第一，确定各个变量，用字母或符号（$\chi_1, \chi_2, \cdots, \chi_n$）一一表示出来。

第二，通过整理回收问卷的数据，根据被调查者对相关影响因素重要程度的认识，对每个因素都和其他不同因素分别进行一元回归估计，将自变量系数的绝对值作为变量之间的直接影响系数，进而求得各因素间的直接影响矩阵 G：

$$G = \begin{bmatrix} \alpha_{11} & \alpha_{12} & \cdots & \alpha_{1n} \\ \alpha_{21} & \alpha_{22} & \cdots & \alpha_{2n} \\ \vdots & \vdots & \vdots & \vdots \\ \alpha_{n1} & \alpha_{n2} & \cdots & \alpha_{nn} \end{bmatrix} \tag{5-1}$$

式（5－1）中，α_{ij} 代表因素 i 对因素 j 的直接影响程度，若 $i = j$，

则 $\alpha_{ij} = 0$ 。

第三，求解要素之间的综合影响矩阵。将直接影响矩阵 G 每一行都相加，取各行相加后结果的最大值，把矩阵 G 除以这个最大值，得到规范化直接影响矩阵 $H(H = [k_{ij}]_{n\times n})$ ；在此基础上，计算综合影响矩阵 $T(T = [g_{ij}]_{n\times n})$ ，其中 T 通过 $H(I - H)^{-1}$ 计算得到，I 为单位矩阵：

$$k_{ij} = \frac{\alpha_{ij}}{\max\limits_{1\leqslant i\leqslant n}\sum_{j=1}^{n}\alpha_{ij}} \tag{5-2}$$

第四，计算各因素的影响结果与效应，包括各因素的影响度、被影响度、中心度和原因度。将综合影响矩阵 T 按行相加得到影响度，将综合影响矩阵 T 按列相加得到被影响度，影响度加上被影响度得到中心度，影响度减去被影响度得到原因度：

$$f_i = \sum_{j=1}^{n} g_{ij} \tag{5-3}$$

$$e_i = \sum_{i=1}^{n} g_{ji} \tag{5-4}$$

$$p_i = f_i + e_i \tag{5-5}$$

$$q_i = f_i - e_i \tag{5-6}$$

式（5－3）中的 f_i 是因素 i 的影响程度；式（5－4）中的 e_i 是因素 i 的被影响程度；式（5－5）中的 p_i 代表因素 i 中心度；式（5－6）中的 q_i 代表因素 i 的原因度。

第五，以各变量的中心度和原因度做坐标系，直观反映评价结果，进而分析各个因素的重要性。

中心度 p_i 是因素 i 在所有 n 个因素中的重要程度的结果反映，p_i 越大，说明因素 i 越是农产品质量的关键影响因素；q_i 为正数，表明因素 i 是过程性因素，即原因因素，该因素会对其他因素产生作用来影响农产品质量；q_i 为负数，表明因素 i 是结果性因素，即该因素会受到其他因素作用来影响农产品质量。

5.3　基于供应视角的农产品质量影响因素评价

5.3.1　基于 DEMATEL 方法的供应链内部因素评价

(1) 数据处理与评价结果。

基于上述应用 DEMATEL 方法分析农产品质量因素影响程度原理的介绍，数据处理过程如下：

第一，根据表 5 - 1 设定的因素，令变量 $\alpha_1, \alpha_2, \alpha_3, \alpha_4, \alpha_5, \alpha_6, \alpha_7, \alpha_8, \alpha_9$ 分别为生产技术的认知、投入品技术的认知、检验与检测技术的认知、生产者责任意识、企业管理层责任意识、农产品质量安全问题带来的风险、文化程度、受培训程度、生产服务和指导九个因素。

第二，根据问卷调查结果，统计从事从农产品生产、流通相关人员对影响因素的认知，如表 5 - 2 所示。共发放了 500 份问卷，有效收回 360 份，给上述九个因素的影响程度进行打分，分值取 1 ~ 5 分，其中 1 分表示重视程度最低，5 分代表重视程度最高。

表 5 - 2　　供应链内部因素重要程度的认知情况调查统计

分值	生产技术程度的认知		分值	投入品技术程度的认知	
	频数	比例（%）		频数	比例（%）
1	35	9.72	1	27	7.50
2	91	25.28	2	63	17.50
3	81	22.50	3	80	22.22
4	64	17.78	4	91	25.28
5	89	24.72	5	99	27.50
平均分值	3.32		平均分值	3.48	

续表

分值	检验、检测技术程度的认知		分值	生产者责任意识	
	频数	比例（%）		频数	比例（%）
1	17	4.72	1	18	5.00
2	82	22.78	2	17	4.72
3	81	22.50	3	90	25.00
4	62	17.22	4	126	35.00
5	118	32.78	5	109	30.28
平均分值	3.50		平均分值	3.80	
分值	企业管理层责任意识		分值	农产品质量安全问题带来的风险	
	频数	比例（%）		频数	比例（%）
1	9	2.50	1	8	2.22
2	9	2.50	2	46	12.78
3	55	15.28	3	117	32.50
4	116	32.22	4	118	32.78
5	171	47.50	5	71	19.72
平均分值	4.20		平均分值	3.56	
分值	文化程度		分值	受培训程度	
	频数	比例（%）		频数	比例（%）
1	53	14.72	1	63	17.50
2	162	45.00	2	99	27.50
3	91	25.28	3	128	35.56
4	27	7.50	4	26	7.22
5	27	7.50	5	44	12.22
平均分值	2.48		平均分值	2.70	
分值	生产服务和指导				
	频数	比例（%）			
1	17	4.72			
2	73	20.28			
3	171	47.50			

续表

分值	生产服务和指导				
	频数	比例（%）			
4	71	19.72			
5	28	7.78			
平均分值	3.05				

从表 5－2 看出，直观结果是在影响农产品质量的供应链内部因素中，被调查者对于企业管理层责任意识最为重视，其次为生产者责任意识，而对文化程度的重视度最小。从二级指标来看，责任意识的整体得分最高，其次是技术认知，最后是能力水平。

第三，计算直接影响系数，并根据直接影响系数得出综合影响矩阵。

直接影响系数是得出不同因素影响结果的基础，因而也是评价过程中最核心的数据。DEMATEL 方法中直接影响系数计算，通常做法是来自专家的经验值。为使结果根据科学性，本书采用回归系数，而没有采用专家经验值，即两类因素之间的相关系数作为因素间的直接影响系数，主要是基于两因素间互对对方的影响是不同的考虑，即存在方向的差别，$\alpha_{ij} \neq \alpha_{ji}$。采用的方程模型为：

$$\alpha_j = a + b_{ij}\alpha_i \tag{5-7}$$

式（5－7）中，b_{ij} 的绝对值就是因素 i 对因素 j 的直接影响系数，也就是式（5－1）中的 α_{ij}。供应链内部不同因素间的直接影响系数计算结果如表 5－3 所示，根据表 5－3 计算得出综合影响矩阵如表 5－4 所示。

表 5－3　　　　供应链内部因素间的直接影响系数

变量	α_1	α_2	α_3	α_4	α_5	α_6	α_7	α_8	α_9
α_1	0.00	0.66	0.63	0.27	0.21	0.31	0.17	0.03	0.21
α_2	0.73	0.00	0.57	0.25	0.36	0.51	0.22	0.12	0.20

续表

变量	α_1	α_2	α_3	α_4	α_5	α_6	α_7	α_8	α_9
α_3	0.67	0.55	0.00	0.30	0.39	0.39	0.16	0.11	0.03
α_4	0.41	0.34	0.43	0.00	0.34	0.14	0.30	0.27	0.10
α_5	0.42	0.64	0.71	0.43	0.00	0.43	0.25	0.18	0.10
α_6	0.53	0.78	0.62	0.15	0.37	0.00	0.18	0.16	0.09
α_7	0.26	0.30	0.23	0.30	0.20	0.16	0.00	0.52	0.26
α_8	0.04	0.13	0.12	0.22	0.11	0.11	0.41	0.00	0.30
α_9	0.41	0.36	0.06	0.12	0.10	0.11	0.34	0.49	0.00

表 5-4　　供应链内部因素综合影响矩阵

变量	α_1	α_2	α_3	α_4	α_5	α_6	α_7	α_8	α_9
α_1	0.59	0.78	0.74	0.41	0.42	0.48	0.33	0.25	0.25
α_2	0.85	0.68	0.81	0.45	0.50	0.58	0.39	0.30	0.27
α_3	0.77	0.76	0.59	0.42	0.47	0.50	0.33	0.26	0.21
α_4	0.61	0.62	0.62	0.29	0.41	0.37	0.34	0.30	0.20
α_5	0.82	0.89	0.88	0.53	0.43	0.59	0.42	0.34	0.26
α_6	0.82	0.90	0.84	0.43	0.52	0.45	0.38	0.31	0.23
α_7	0.49	0.51	0.47	0.33	0.31	0.32	0.23	0.34	0.23
α_8	0.28	0.31	0.29	0.22	0.19	0.20	0.27	0.14	0.18
α_9	0.49	0.49	0.39	0.26	0.26	0.28	0.31	0.32	0.14

第四，分别计算出各因素的影响度、被影响度、中心度和原因度，得出 DEMATEL 评价结果，如表 5-5 所示。

表 5-5　　供应链内部因素的 DEMATEL 评价结果

影响因素	影响度	被影响度	中心度	原因度
α_1	4.25	5.72	9.97	-1.47
α_2	4.83	5.94	10.77	-1.11
α_3	4.31	5.63	9.94	-1.32

续表

影响因素	影响度	被影响度	中心度	原因度
α_4	3.76	3.34	7.1	0.42
α_5	5.16	3.51	8.67	1.65
α_6	4.88	3.77	8.65	1.11
α_7	3.23	3.00	6.23	0.23
α_8	2.08	2.56	4.64	-0.48
α_9	2.94	1.97	4.91	0.97

第五，以各变量的中心度和原因度做坐标系，直观反映评价结果，如图5-1所示。

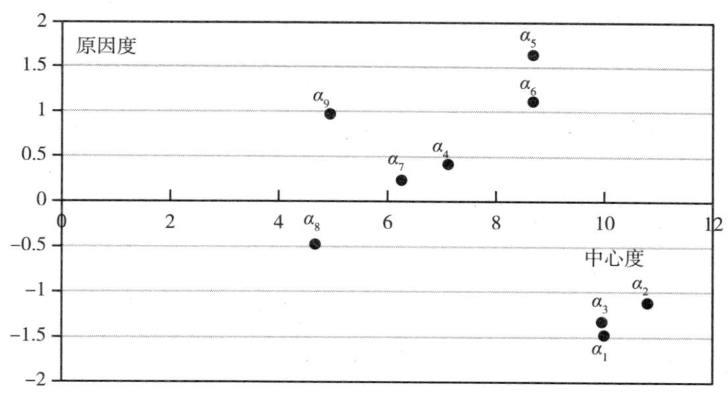

图5-1　供应链内部因素的原因度与中心度

(2) 结果分析。

根据表5-5与图5-1：

第一，从影响度来看，供应链内部的九个因素都在一定程度上会影响农产品质量，从单个因素看，企业管理层责任意识的影响度最高，其次是农产品质量安全问题带来的风险认识，而文化程度、受培训程度、生产服务和指导的影响度相对来说较小。从内部因素三个二级指标的技术认知、责任意识、能力水平来看，上述三个层次影响度的均值分别为

4.46、4.60、2.75，说明责任意识、技术认知对农产品质量的影响更大，主要原因在于能从事农产品生产、流通的相关企业一般来说都具备相应的能力水平，关键在于其是否有相当的农产品质量安全的责任意识和对农产品质量安全的相关技术认知。同时，技术认知层的三个因素的影响度相差不大，说明生产技术、投入品技术及检验检测技术这三类技术认知对农产品质量来说缺一不可，都需要给予高度关注。这个结论也与实际情况相符，上述三种技术贯穿农产品的生产与流通全过程，当中任一技术缺乏都会对农产品质量产生重大影响。

第二，从被影响度来看，技术认知层的三个因素明显高于责任意识、能力水平两个层面的因素，这也符合实际情况。主要是因为，如果农产品生产、流通过程中的相关参与主体缺乏农产品质量的责任意识与相关能力水平，毫无疑问，这些相关参与主体没有动力去对关乎农产品质量的生产技术、投入品技术及检验检疫技术认知的动力。所以，技术认知很容易受责任意识与能力水平相关因素的影响。

第三，从中心度看，技术认知层的三个中心度最高；其次责任意识层的管理层的责任意识及农产品质量安全问题带来的风险意识。这五个因素明显高于其他因素，说明这五个因素是影响农产品质量内部因素中的最核心的因素。这是由于这五个因素最容易受其他因素的影响，从表5-5中也可看出这五个因素的被影响度明显高于其他因素。

第四，从原因度来看，技术认知层的三个因素及能力水平层的受培训程度因素的原因度为负，说明是结果性因素；其他因素属于过程性因素，表明这些因素可通过对结果性因素的影响双重作用于农产品质量。而其中的过程性因素，最为关键的是管理层责任意识和农产品质量安全问题带来的风险意识，这两个因素原因度分别高达1.65和1.11。

基于上述分析，在内部因素中，技术认知和责任意识是影响农产品质量最为核心的因素，而由于技术认知层的三个因素都是结果性因素，受其他过程性因素影响较大，从而在一定程度上增加了对农产品质量的影响；而责任意识是过程性因素，会通过结果性因素双重作用于农产品质量，根据表5－5，责任意识层的管理层责任意识、农产品质量安全问题带来的风险意识是最为重要的过程性因素，因而提高管理层的责任意识，并让生产者和企业都了解农产品质量安全问题带来的风险成为通过内部因素加强农产品质量安全管理的重点，只有让企业和生产者都有这样的意识，才能从源头上控制好农产品质量安全。

5.3.2　基于DEMATEL方法的供应链外部因素评价

（1）数据处理与评价结果。

同理遵循前述内部因素数据处理过程。第一，根据表5－1设定的因素，令变量$\beta_1, \beta_2, \beta_3, \beta_4, \beta_5, \beta_6, \beta_7, \beta_8, \beta_9, \beta_{10}, \beta_{11}, \beta_{12}$分别为生产模式、一体化程度、经济效益、进入市场途径、农户间协同程度、企业间协同程度、企业与农户间的订单往来、上下游企业间合作、利润分配、质量安全信息共享、经营业绩信息共享、共同制订计划或者沟通12个因素。

第二，根据问卷调查结果，统计从事农产品生产、流通相关人员对影响因素的认知，如表5－6所示。

表5－6　　供应链外部因素重要程度认知调查统计情况

分值	生产模式		分值	一体化程度	
	频数	比例（%）		频数	比例（%）
1	34	9.44	1	25	6.94
2	83	23.06	2	100	27.78
3	70	19.44	3	64	17.78
4	64	17.78	4	61	16.94
5	109	30.28	5	110	30.56
平均分值	3.35		平均分值	3.35	
分值	经济效益		分值	进入市场模式	
	频数	比例（%）		频数	比例（%）
1	26	7.22	1	19	5.28

续表

分值	经济效益		分值	进入市场模式	
	频数	比例（%）		频数	比例（%）
2	73	20.28	2	119	33.06
3	150	41.67	3	96	26.67
4	92	25.56	4	91	25.28
5	19	5.28	5	35	9.72
平均分值	3		平均分值	3.03	
分值	农户间协同程度		分值	企业间协同程度	
	频数	比例（%）		频数	比例（%）
1	17	4.72	1	17	4.72
2	109	30.28	2	118	32.78
3	186	51.67	3	61	16.94
4	38	10.56	4	35	9.72
5	10	2.78	5	129	35.83
平均分值	2.75		平均分值	3.38	
分值	企业与农户间订单往来		分值	上下游企业间合作	
	频数	比例（%）		频数	比例（%）
1	16	4.44	1	19	5.28
2	109	30.28	2	98	27.22
3	64	17.78	3	91	25.28
4	53	14.72	4	135	37.50
5	118	32.78	5	17	4.72
平均分值	3.4		平均分值	3.1	
分值	利润分配		分值	质量安全信息共享	
	频数	比例（%）		频数	比例（%）
1	19	5.28	1	10	2.78
2	26	7.22	2	53	14.72
3	100	27.78	3	100	27.78
4	108	30.00	4	170	47.22

续表

分值	利润分配		分值	质量安全信息共享	
	频数	比例（%）		频数	比例（%）
5	107	29.72	5	27	7.50
平均分值	3.73		平均分值	3.43	
分值	经营业绩信息共享		分值	共同制定计划或者沟通	
	频数	比例（%）		频数	比例（%）
1	100	27.78	1	19	5.28
2	170	47.22	2	71	19.72
3	71	19.72	3	107	29.72
4	11	3.06	4	128	35.56
5	8	2.22	5	35	9.72
平均分值	2.05		平均分值	3.25	

从表5-6看出，直观结果是在影响农产品质量的供应链外部因素中，流通链上成员利润分配这个环节得分最高，说明被调查者认为利润分配对其行为的影响程度最大；而经营业绩信息共享得分最低。

第三，计算直接影响系数，并根据直接影响系数得出综合影响矩阵，如表5-7和表5-8所示。

表5-7　　　　供应链外部因素间的直接影响系数

变量	β_1	β_2	β_3	β_4	β_5	β_6	β_7	β_8	β_9	β_{10}	β_{11}	β_{12}
β_1	0.00	0.68	0.21	0.36	0.30	0.50	0.50	0.31	0.50	0.16	0.04	0.31
β_2	0.70	0.00	0.15	0.37	0.12	0.57	0.61	0.43	0.38	0.40	0.08	0.30
β_3	0.42	0.29	0.00	0.18	0.02	0.11	0.21	0.02	0.24	0.05	0.24	0.11
β_4	0.57	0.57	0.15	0.00	0.33	1.06	0.97	0.74	0.39	0.27	0.04	0.55
β_5	0.88	0.33	0.01	0.60	0.00	0.74	0.71	0.51	0.40	0.13	0.22	0.81
β_6	0.50	0.55	0.05	0.66	0.25	0.00	0.85	0.59	0.33	0.23	0.30	0.45
β_7	0.52	0.62	0.11	0.64	0.25	0.89	0.00	0.62	0.26	0.24	0.01	0.54
β_8	0.57	0.76	0.01	0.84	0.31	1.07	1.07	0.00	0.39	0.30	0.09	0.60
β_9	0.76	0.56	0.18	0.37	0.21	0.50	0.37	0.32	0.00	0.23	0.13	0.20

续表

变量	β_1	β_2	β_3	β_4	β_5	β_6	β_7	β_8	β_9	β_{10}	β_{11}	β_{12}
β_{10}	0. 36	0. 86	0. 06	0. 37	0. 10	0. 52	0. 51	0. 36	0. 35	0. 00	0. 03	0. 40
β_{11}	0. 09	0. 18	0. 28	0. 06	0. 17	0. 07	0. 01	0. 12	0. 21	0. 04	0. 00	0. 05
β_{12}	0. 50	0. 48	0. 09	0. 56	0. 45	0. 74	0. 84	0. 54	0. 22	0. 29	0. 03	0. 00

表 5 -8　　供应链外部因素综合影响矩阵

变量	β_1	β_2	β_3	β_4	β_5	β_6	β_7	β_8	β_9	β_{10}	β_{11}	β_{12}
β_1	0. 23	0. 33	0. 09	0. 26	0. 15	0. 35	0. 34	0. 24	0. 21	0. 13	0. 06	0. 22
β_2	0. 35	0. 25	0. 09	0. 28	0. 13	0. 39	0. 38	0. 27	0. 21	0. 18	0. 06	0. 23
β_3	0. 17	0. 16	0. 03	0. 12	0. 06	0. 15	0. 16	0. 10	0. 11	0. 06	0. 06	0. 10
β_4	0. 41	0. 41	0. 09	0. 31	0. 20	0. 57	0. 54	0. 40	0. 26	0. 19	0. 09	0. 34
β_5	0. 45	0. 38	0. 09	0. 39	0. 15	0. 51	0. 50	0. 36	0. 27	0. 17	0. 11	0. 39
β_6	0. 35	0. 37	0. 08	0. 36	0. 17	0. 49	0. 46	0. 33	0. 23	0. 17	0. 11	0. 28
β_7	0. 36	0. 38	0. 09	0. 37	0. 17	0. 49	0. 35	0. 34	0. 22	0. 17	0. 08	0. 31
β_8	0. 44	0. 48	0. 09	0. 46	0. 21	0. 61	0. 59	0. 31	0. 28	0. 21	0. 10	0. 37
β_9	0. 33	0. 30	0. 08	0. 25	0. 13	0. 33	0. 31	0. 23	0. 14	0. 14	0. 07	0. 19
β_{10}	0. 29	0. 36	0. 07	0. 27	0. 13	0. 37	0. 36	0. 26	0. 20	0. 11	0. 06	0. 24
β_{11}	0. 08	0. 10	0. 07	0. 07	0. 06	0. 09	0. 09	0. 08	0. 07	0. 04	0. 02	0. 06
β_{12}	0. 36	0. 37	0. 08	0. 35	0. 21	0. 47	0. 48	0. 33	0. 22	0. 18	0. 08	0. 23

第四，分别计算出各因素的影响度、被影响度、中心度和原因度，得出 DEMATEL 评价结果，如表 5 -9 所示。

表 5 -9　　供应链外部因素的 DEMATEL 评价结果

影响因素	影响度	被影响度	中心度	原因度
β_1	2. 61	3. 82	6. 43	-1. 21
β_2	2. 82	3. 89	6. 71	-1. 07
β_3	1. 28	0. 95	2. 23	0. 33

续表

影响因素	影响度	被影响度	中心度	原因度
β_4	3.81	3.49	7.30	0.32
β_5	3.77	1.77	5.54	2.00
β_6	3.40	4.82	8.22	-1.42
β_7	3.33	4.56	7.89	-1.23
β_8	4.15	3.25	7.40	0.90
β_9	2.50	2.42	4.92	0.08
β_{10}	2.72	1.75	4.47	0.97
β_{11}	0.83	0.90	1.73	-0.07
β_{12}	3.36	2.96	6.32	0.40

第五，以各变量的中心度和原因度做坐标系，直观反映评价结果，如图5-2所示。

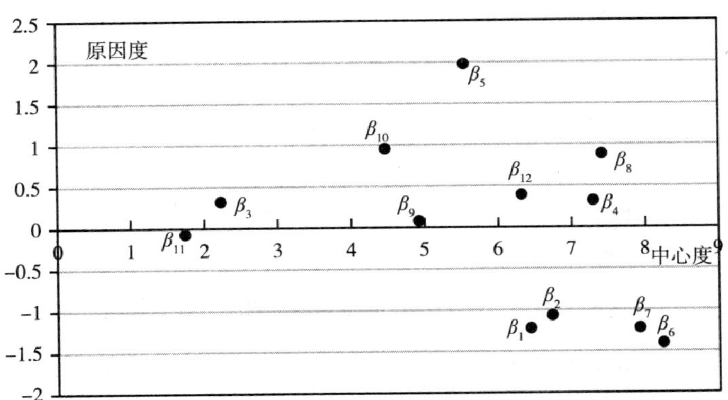

图5-2 供应链外部因素的原因度与中心度

(2) 结果分析。

根据表5-9与图5-2：

第一，从影响度来看，这12个因素都会对农产品质量产生显著影响，从单个因素看，影响程度最大的分别是上下游企业间合作、进入市场途径、农户间协同程度 3 个因素。从外部因素 3 个二级指标的组织程度、协同程度、信息共享度看，反应协同度的 5 个因素的影响度都较大，说明供应链的协同度是农产品质量的关键外部影响因素。这也与实际情况相符，农产品质量控制需要农产品供应链各参与主体协调合作，否则只要农产品在供应链的任一参与主体环节出现问题（如利益分配不均，利益受损者没有强烈的质量控制动力等），最终将会对到达消费者手中的农产品质量产生致命影响。组织程度因素层面看，农产品进入市场途径影响度明显大于其他 3 个因素的影响度，这也在一定程度上解释了国家为什么一直在鼓励农超对接、农户与基地或企业对接的模式。农产品通过上述方式进入市场，一般来看，其质量更有保障，这是由于超市、基地或大型企业为保证其企业品牌与声誉，需要产品的质量保证，因而对进入市场的农产品有更为严格的质量控制标准与检验检测环节，为此，有些企业会建立自己品牌产品质量的追溯体系。从信息共享程度因素层面看，链上主体共同制订相应质量计划与沟通、质量信息的共享是主要因素，而经营业绩信息共享影响最不显著，这可能与现实中实际实施比较困难有关，毕竟经营业绩信息可能涉及企业商业机密与竞争力。

第二，从被影响度看，供应链信息共享层面因素最低，供应链协同度层面则普遍较高；而组织化程度的层面因素，被影响度明显高于影响度。这是由于无论从农产品供应链协同还是供应链组织化程度，受信息共享因素影响较大，信息共享度越高，则越有利于农产品供应链的各参与主体的协同合作，并建立一体化的组织模式。

第三，从中心度和原因度来看，企业间协同程度、企业与农户间的订单往来的中心度最大，但是原因度都为负，为结果因素，对过程影响不显著。除此之外，上下游企业间合作、进入市场途径的中心度最大，且原因度为正，说明这两个因素较为关键。而从二级指标来看，中心度与原因度的趋势规律不明显，故而不作讨论。

根据上述分析，无论是影响度还是中心度和原因度，上下游企业间合作、进入市场途径这两个因素都显得非常重要。所以，在供应链外部因素中，上下游企业间合作和农产品进入市场途径都是影响农产品质量安全的关键因素。加强上下游企业间合作，毫无疑问可以进一步把握市场机遇，促进农产品市场流通顺畅，提升农产品生产者质量控制意愿生产；而农产品进入市场途径越规范，进入市场的组织程度越高，则越有利于农产品流通过程中的质量控制，规模化、规范化的市场进入途径，无疑有利于物流过程的控制、农产品质量追溯体系的建立等。

5.3.3　基于DEMATEL方法的环境因素评价

（1）数据处理与评价结果。

与前述处理过程一样。第一，根据表5－1设定的因素，令变量γ_1，γ_2，γ_3，γ_4，γ_5，γ_6分别为农业灌溉、土壤残留物、大气环境、法规体系、追溯制度、监管力度6个因素。

第二，根据问卷调查结果，统计从事农产品生产、流通相关人员对影响因素的认知，如表5－10所示。

表5－10　　环境因素重要程度认知调查统计情况

分值	农业灌溉		分值	土壤残留物	
	频数	比例（%）		频数	比例（%）
1	10	2.78	1	8	2.22
2	134	37.22	2	10	2.78
3	163	45.28	3	80	22.22
4	44	12.22	4	190	52.78
5	9	2.50	5	72	20.00
平均分值	2.75		平均分值	3.85	

续表

分值	大气环境		分值	法规体系	
	频数	比例（%）		频数	比例（%）
1	10	2.78	1	10	2.78
2	8	2.22	2	35	9.72
3	106	29.44	3	98	27.22
4	154	42.78	4	118	32.78
5	82	22.78	5	99	27.50
平均分值	3.8		平均分值	3.73	
分值	追溯制度		分值	监管力度	
	频数	比例（%）		频数	比例（%）
1	10	2.78	1	10	2.78
2	53	14.72	2	8	2.22
3	90	25.00	3	98	27.22
4	71	19.72	4	89	24.72
5	136	37.78	5	155	43.06
平均分值	3.75		平均分值	4.03	

第三，计算直接影响系数，并根据直接影响系数得出综合影响矩阵，如表5-11和表5-12所示。

表5-11　　　　供应链环境因素间的直接影响系数

变量	γ_1	γ_2	γ_3	γ_4	γ_5	γ_6
γ_1	0.00	0.26	0.16	0.32	0.53	0.48
γ_2	0.22	0.00	0.03	0.12	0.02	0.13
γ_3	0.12	0.03	0.00	0.21	0.22	0.56
γ_4	0.19	0.08	0.16	0.00	0.30	0.12

续表

变量	γ_1	γ_2	γ_3	γ_4	γ_5	γ_6
γ_5	0.24	0.01	0.13	0.24	0.00	0.20
γ_6	0.30	0.09	0.44	0.13	0.28	0.00

表5-12　　供应链环境因素综合影响矩阵

变量	γ_1	γ_2	γ_3	γ_4	γ_5	γ_6
γ_1	0.29	0.25	0.35	0.43	0.60	0.60
γ_2	0.22	0.05	0.12	0.17	0.15	0.22
γ_3	0.27	0.09	0.21	0.29	0.36	0.54
γ_4	0.25	0.10	0.22	0.15	0.34	0.27
γ_5	0.28	0.08	0.22	0.28	0.21	0.32
γ_6	0.36	0.14	0.42	0.28	0.42	0.32

第四，分别计算出各因素的影响度、被影响度、中心度和原因度，得出DEMATEL评价结果，如表5-13所示。

表5-13　　供应链环境因素的DEMATEL评价结果

影响因素	影响度	被影响度	中心度	原因度
γ_1	2.52	1.67	4.19	0.85
γ_2	0.93	0.71	1.64	0.22
γ_3	1.76	1.54	3.30	0.22
γ_4	1.33	1.60	2.93	-0.27
γ_5	1.39	2.08	3.47	-0.69
γ_6	1.94	2.27	4.21	-0.33

第五，以各变量的中心度和原因度做坐标系，直观反映评价结果，如图5-3所示。

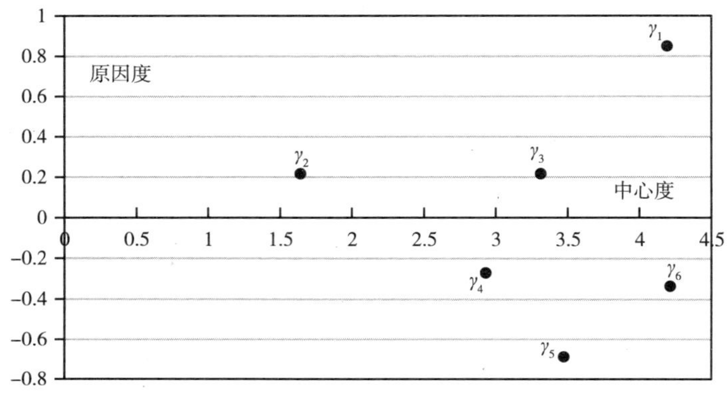

图 5-3　供应链环境因素原因度与中心度

（2）结果分析。

根据表 5-13 与图 5-3：

第一，从影响度来看，这 6 个因素都会对农产品质量产生影响。从单个因素看，农业灌溉环境、监管力度这两个因素影响度明显大于其他因素。从环境因素的 3 个二级指标的生产地自然环境、宏观政策环境来看，宏观政策环境层的 3 个因素影响度都较大且基本一致，说明法规体系、追溯制度与监管惩罚力度这 3 个政策环境因素对农产品质量来说，都需要给予高度关注，这个结论也与实际情况相符。尽管政府监管惩罚力度对农产品质量的影响度最大，但要真正落实，需要相应法律法规体系的完善，使监管有据可循，如此将提升监管的执行力；同时，要提升监管效率，需要相应农产品质量追溯体系提供支持。

第二，从被影响度看，宏观政策环境层因素明显高于生产地自然环境层因素，这也符合实际情况。主要是因为，如果生产地自然环境受到破坏，不仅将从源头影响农产品质量，而且会对生产的源头至消费者的整体供应链的农产品质量产生影响，进而对农产品质量产生连锁反应与影响；基于此，相关的政策因素需要跟进，确保源头农产品质量，因而政策因素容易受到生产地环境因素影响。同时也注意到，就生产地自然环境层看，农业灌溉的作用对象是水、土壤，无论是土壤残留物还是大气环境，最终都要通过水、土壤等对农产品质量形成影响，因而农业灌溉很容易受其他因素影响。

第三，从中心度来看，农业灌溉和监管力度的中心度最高，说明这两个因素是农产品质量环境因素中最应关注的，这也与影响度的结论一致，其主要原因是这两个因素容易受其他因素影响，被影响度高。从表5－13也看出，农业灌溉是生产地自然环境层被影响度最高的因素，而监督力度是宏观政策环境层影响度最高的因素。从原因度看，宏观政策环境层的3个因素原因度为负，说明是结果性因素；生产地自然环境层的3个因素则为过程性因素，表明这些因素可通过对结果性因素的影响双重作用于农产品质量，这也在一定程度上解释了为什么宏观政策环境层的因素被影响度普遍较高。

总体来看，相对于供应链内部因素与外部因素，供应链环境因素整体的影响度和中心度都相对来说较低。这说明要控制农产品的质量，关键还在于农产品供应链上各生产、流通企业内部的控制与管理，以及农产品供应链上各相关参与主体的通力合作；环境因素主要是发挥引导、调控功能。

5.4　基于消费者视角的农产品质量影响因素评价

根据前述分析，从农产品流通链构成看，农产品质量的影响因素，除了从综合考虑农产品生产与流通环节的供应视角来分析其影响因素，同时还要明晰消费者的认知与反应将会反过来影响农产品供应质量。为此，本部分基于消费视角评价农产品质量影响因素。

5.4.1　数据处理与评价结果

采用前述基于供应视角评价的评价原理，运用DEMATEL方法进行评价。

第一，根据前述基于消费视角的农产品质量影响因素分析，设变量 $X_1, X_2, X_3, X_4, X_5, X_6, X_7$ 分别代表消费倾向和习惯、购买能力和购买地点、对产品的信任和了解程度、消费者的品牌意识、信息服务和政府管制、健康与风险意识、产品价格 7 个方面因素。

第二，根据问卷调查结果，统计农产品消费者对影响因素的认知，如表 5－14 所示。共发放了 500 份问卷，有效收回 366 份，给上述 7 个因素的影响程度进行打分，分值取 1～5 分，其中 1 分表示重视程度最低，5 分代表重视程度最高。

从表 5－14 看出，消费者对农产品的品牌意识和价格因素在乎程度较弱，而对健康与风险意识最为关注，这也符合日常生活中的经验。

表 5－14　　消费者对影响因素重要程度的认知统计

分值	消费倾向和习惯		分值	购买能力和购买地点	
	频数	比例（%）		频数	比例（%）
1	6	1.64	1	6	1.64
2	3	0.82	2	4	1.09
3	66	18.03	3	78	21.31
4	147	40.16	4	194	53.01
5	144	39.35	5	84	22.95
平均分值	4.15		平均分值	3.95	
分值	产品的信任和了解程度		分值	消费者的品牌意识	
	频数	比例（%）		频数	比例（%）
1	2	0.55	1	6	1.64
2	3	0.82	2	27	8.20
3	66	18.03	3	129	34.43
4	102	27.87	4	156	42.62
5	193	52.73	5	48	13.11

续表

平均分值	4.31		平均分值	3.58	
分值	信息服务和政府管制		分值	健康与风险意识	
	频数	比例（%）		频数	比例（%）
1	12	3.28	1	3	0.82
2	9	1.64	2	2	0.55
3	45	13.11	3	24	6.56
4	90	24.59	4	48	13.11
5	210	57.38	5	289	78.96
平均分值	4.30		平均分值	4.69	
分值	价格因素				
	频数	比例（%）			
1	3	0.82			
2	21	5.74			
3	99	27.05			
4	186	50.82			
5	57	15.57			
平均分值	3.75				

现实生活中，农产品价格变化幅度不大，且同一品种的农产品价格差异基本在消费者可接受范围之内，即消费者通过价格因素来规避质量安全风险的成本不高。同时，农产品的生产分布区域性较强，不同地区的主要农产品产出有所不同，使得农产品的品牌也具有区域性，而在全国范围内有影响力的品牌并不多。另外随着生活水平的提高，人们的基本生活有所保障，于是人们的健康意识也越来越强烈。而农产品是生活最基本的必需品，这也就使得消费者在购买农产品时越来越谨慎，对于质量不合格的商品一般都不会接受。

第三，根据式（5－7），采用回归分析法计算直接影响系数，并基于直接影响系数得出综合影响矩阵，如表 5－15 和表 5－16 所示。

表 5 - 15　　各变量直接影响系数

变量	X_1	X_2	X_3	X_4	X_5	X_6	X_7
X_1	0. 00	0. 50	0. 21	0. 06	0. 13	0. 11	0. 18
X_2	0. 59	0. 00	0. 16	0. 20	0. 16	0. 07	0. 32
X_3	0. 25	0. 16	0. 00	0. 37	0. 34	0. 41	0. 08
X_4	0. 06	0. 15	0. 29	0. 00	0. 36	0. 13	0. 24
X_5	0. 10	0. 10	0. 21	0. 29	0. 00	0. 36	0. 05
X_6	0. 25	0. 13	0. 75	0. 31	1. 06	0. 00	0. 01
X_7	0. 21	0. 30	0. 07	0. 30	0. 08	0. 01	0. 00

表 5 - 16　　各变量综合影响矩阵

变量	X_1	X_2	X_3	X_4	X_5	X_6	X_7
X_1	0. 12	0. 27	0. 17	0. 12	0. 16	0. 11	0. 16
X_2	0. 33	0. 13	0. 17	0. 19	0. 19	0. 11	0. 23
X_3	0. 22	0. 18	0. 17	0. 29	0. 34	0. 26	0. 17
X_4	0. 12	0. 14	0. 22	0. 12	0. 27	0. 14	0. 19
X_5	0. 16	0. 16	0. 22	0. 25	0. 19	0. 23	0. 30
X_6	0. 27	0. 22	0. 50	0. 35	0. 66	0. 21	0. 23
X_7	0. 15	0. 18	0. 10	0. 18	0. 11	0. 05	0. 08

第四，分别计算出各因素的影响度、被影响度、中心度和原因度，得出 DEMATEL 评价结果，如表 5 - 17 所示。

表 5 - 17　基于消费视角农产品质量影响因素的 DEMATEL 评价结果

影响因素	影响度	被影响度	中心度	原因度
X_1	1. 11	1. 37	2. 48	-0. 26
X_2	1. 35	1. 28	2. 63	0. 07
X_3	1. 63	1. 55	3. 18	0. 08
X_4	1. 20	1. 50	2. 70	-0. 30
X_5	1. 51	1. 92	3. 43	-0. 41

续表

影响因素	影响度	被影响度	中心度	原因度
X_6	2.44	1.11	3.55	1.33
X_7	0.85	1.36	2.21	-0.51

第五，以各变量的中心度和原因度做坐标系，直观反映评价结果，如图5-4所示。

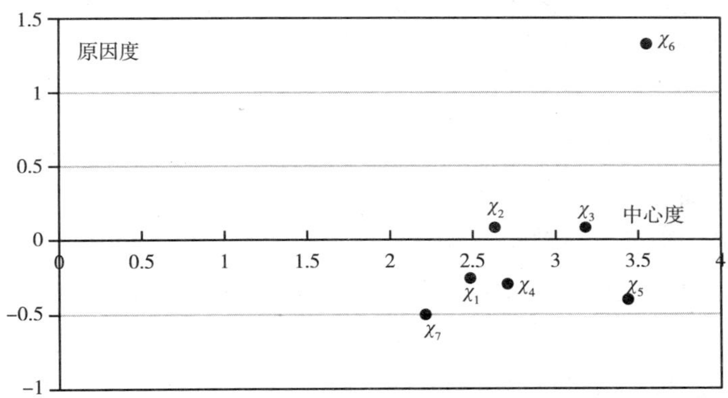

图5-4　基于消费视角农产品质量影响因素中心度与原因度

5.4.2　结果分析

根据表5-17与图5-4：

第一，从影响度看，这7个因素都会对农产品质量产生影响。从单个因素看，健康与风险意识、对产品的了解与信任、信息服务和政府管制3个因素影响度最高，这也符合实际情况。如果消费者健康与风险意识较强，同时又能多渠道获取农产品质量信息及政府监管渠道的完善，进而增加对农产品的了解与信任，提升产品消费忠诚度，毫无疑问会对提供农产品的企业（包括生产者、流通商等）产生重要影响，包括产品定价（减少“柠檬”市场出现）、产品品牌维护等，如此将对农产品质量的管理与提升起到很好的促进作用。

第二，从被影响度看，除信息服务与政府管制这一因素外，其他因素相差不大，说明提供什么样的信息服务和政府监管措施，很容易受到其他因素的影响，如消费者对农产品质量的态度、消费倾向、消费能力等，这与现实情况相符。

第三，从中心度看，健康与风险意识、对产品的了解与信任、信息服务和政府管制 3 个因素最高，说明消费者选购是否达到质量安全要求的农产品时，这 3 个方面是普遍考虑的中心。中心度与影响度高度一致，进一步论证上述3 个因素是消费者选购高质量农产品重点考虑的因素。因此，真正有能力提供具有质量安全农产品（优质农产品）的企业，既要瞄准消费者的群体，同时也要尽力让消费者了解自己的产品，增加产品的信任度并进而培养消费者的忠诚度；并且政府对农产品管制措施的完善（包括信息披露的完善）也会进一步增强消费者选购具有质量安全农产品的信心，降低“柠檬市场”出现的概率，如此反过来也会提升农产品供应者进行质量控制的意愿。

第四，从原因度看，有正有负，说明基于消费视角的这些因素对农产品质量的影响是一个复杂的过程。其中购买能力和地点、对产品的信任和了解程度、健康与风险意识为原因因素（过程性因素），其他为结果性因素，表明上述三种因素可通过其他因素影响双重作用于农产品质量。并且其中最主要的过程性因素是健康与风险意识，说明从消费视角促进农产品质量提升的关键是消费者普遍具有健康风险意识，如此才会用心去关注搜寻农产品质量的相关信息，进而降低购买问题农产品的概率，这将使问题农产品的市场空间压缩，促进农产品供应者增加质量控制意愿。

总体上，无论从影响度还是中心度看，健康与风险意识、对产品的了解与信任、信息服务和政府管制 3 个因素最高，说明这是影响消费者选购农产品时最关键的 3 个因素。同时，由于健康与风险意识、对产品的了解与信任是过程性因素，信息服务和政府管制是结果性因素，说明最终要落实到科学引导居民对农产品的消费观，培养健康风险意识；农产品供应者要多途径让消费者能了解自己的产品，并由此信任供应者的产品。当然，要落实上述措施，需引发信息服务和政府管制的完善（结果性因素）。

5.5　本章小结

从农产品流通链构成看，农产品质量的影响因素，除了从综合考虑农产品生产与流通环节的供应视角来分析其影响因素，同时还要明晰消费者的认知与反应将会反过来影响农产品供应质量。为此，本章首先基于供应和消费两个视角分析了农产品质量影响因素；其次，通过对DEMATEL方法的适用性分析，应用DEMATEL方法分别从供应、消费两个视角定量评价农产品质量的影响因素，其中供应视角评价，从供应链系统整体出发，分别评价了供应链内部、外部与环境因素。如此，通过系统分析与定量评价农产品质量影响因素，进而为后续农产品质量管理与提升相关对策建议的提出提供了有力的依据。

第6章　农产品流通链成本与质量控制的对策建议

6.1　减少农产品流通环节，促进新型农产品流通模式发展

我国农产品从最初的生产者到终端消费者，其价格会翻几番，其中的原因是多方面的，但流通环节多、流通成本高难辞其咎。事实是我国农产品的流通过程中，一般要经历5~7个环节，而每经历一个环节必然发生相应的成本和费用；同时流通链上每个环节的主体，如经纪人、收购商、集货商、批发商、批发市场经营与管理者、零售商等基于自身获利的考虑，都会在自身成本的基础上加上相应的获利再卖给流通链上的下游参与者。这种流通层次的“叠加效应”必然推高农产品的价格，导致农产品流通过程中的“中间笑、两头叫”的怪现象，也引起了社会舆论的普遍关注，即农户抱怨赚不到钱，即使增产也不增收，消费者抱怨农产品价格太高。第3章的农产品流通相关主体成本与利益匹配调查也论证了上述结论，即流通链条越长，农产品加价行为越严重，农户收益受损越大；并且流通模式落后导致流通主体利益分配不合理。因此，有效控制农产品流通链成本，其中的核心是减少流通层次，大力发展新型流通模式。其发展关键：一是提升农民的组织化程度，促进农产品规模化、产业化生产经营模式的发展；二是搭建产销对接平台，压缩流通层次。

6.1.1　优化农产品生产经营模式结构，提升农产品生产与流通的组织化程度

通过优化农产品产业经营结构，提升农产品生产的组织化程度，可减少分散农户直接进入市场，使农产品流通中直接由基地或集货商规模化进入相应专业流通平台，如物流中心、配送中心、批发市场等；同时规模化的流通过程也有利于流通参与主体的协同合作，提升流通链的运行效率。结果是流通环节少、流通效率高，有利于流通成本降低。

当然，农产品生产经营模式结构的优化、农产品生产与流通的组织化程度的提升，其中关键是规模化、产业化发展模式。目前我国农产品规模化、产业化生产经营模式主要有“企业+农户”“合作社/协会+农户”“产地市场带动型”三种，其中前两种模式功能有限，是需重点加强的，第三种模式有坚实的发展基础，但发展不明显。为此，提出以下对策建议：

(1) 利用各种手段继续加强“企业+农户”或“企业+基地+农户”模式。

上述模式成功实施的关键在于农产品龙头企业与产业基地的培育和建设。

首先，要加强龙头企业的发展，真正达到龙头企业（集团）带动的发展模式。农产品龙头企业的发展，要充分挖掘当地的产业特色，政府部门尤其要对具有区域特色的相关企业进行引导与扶持，使“企业+农户”或“企业+基地+农户”模式具有长久生命力。如利用优惠措施招商龙头企业；给予土地、税收等政策打造已落户的重点龙头企业；创造条件加强农村土地流转，为企业（集团）实施规模化、标准化种植提供条件；等等。

其次，培育农产品，尤其是特色农产品产业基地。通过农产品基地的培育，可提升农产品生产与流通的有效连接。一方面，基地发挥农产品生产的规模化、标准化优势，可直接与相应大型流通企业对接，减少流通层次、提升流通效率；另一方面，农产品，尤其是特色农产品基地的培育，有利于相关龙头企业的引进，在一定程度上为农产品生产与流通的组织化程度创造有利条件。当然，考虑到农产品，尤其是特色农产品的生产对资源的依赖性较强，因而在基地培育过程中，要立足当地的产业与资源优势。以江西省为例，具有较好发展基础和优势的水稻、柑橘、生猪、家禽、水产五大主导产业，以及具有地方特色的茶叶、油茶、蔬菜、竹笋等产业都是重点培育对象。基地培育过程中，要注意引导龙头企业的参与，包括制造企业参与基地农产品的生产加工、销售企业参与基地农产品的流通等。如此，实现“龙头企业具有带动功能、规模生产具有推动功能、市场流通具有拉动功能”的基地培育模式。

（2）加强合作社（协会）发展以及健全其运行机制，增强种植散户谈判能力和出售路径与范围。

考虑到一方面农户小规模分散经营进入市场交易成本高，进而推高流通成本；另一方面尽管龙头企业带动模式或是基地模式可提升流通效率，但农户在与企业的交易中总是处于弱势地位，合作基础不牢固。为此，提出加强专业合作社的发展来构建新型农户与企业的利益链机制，即“龙头企业 + 基地 + 合作社/协会 + 农户”的发展形式。如此一方面是为农户与龙头企业或基地的合作搭建利益基础，如通过合作社增强分散农户的谈判能力，保障其生产利益，进而构建相互间的长期信任与稳定合作基础；另一方面是在长期信任与稳定合作的基础上，建立利益的反向机制，通过龙头企业或基地反向拉动农户的生产经营并扩大农户农产品的出售路径与范围，降低农户经营风险。

(3) 完善流通体系和社会化服务体系，加强实现“产地市场带动型”模式。

通过完善流通体系和社会化服务体系来增强市场流通拉动功能的发挥，具体来说，就是通过相应体系的完善，使得相关龙头型流通企业对农产品的市场拓展能力增强，进而拉动农产品龙头加工企业的发展，龙头加工企业发展引导农产品生产基地或农户的生产经营，进而使农产品生产向规模化、组织化的方向推进。如此，实现农产品生产与流通的一体化发展。具体来说可依托农产品物流基地（中心），加强实现农产品产地流通市场带动型模式发展。如可以产地大型批发市场为基础，搭建农产品物流基地（中心），通过物流中心（基地）的信息集中功能，将农产品产地的相关流通主体与组织紧密连接，进而形成高效的农产品流通网络。如此，基于农产品流通网络来有效沟通农产品产地的龙头企业、基地、农户，一方面，使其按市场需要来调整生产经营结构，促进农产品的生产与市场需求有效对接；另一方面，农户与农产品生产企业可通过已搭建的农产品流通网络，扩大农产品的市场范围，进而带动农产品的种植、加工、配套服务等产业的发展。

6.1.2　搭建产销对接平台，压缩流通层次，提升流通效率

从第 4 章不同供应链结构模式下的流通成本实证分析看出，搭建产销对接平台，提升流通效率可大大降低流通成本。因而，要大力促进农户、专业合作社、生产基地、加工企业、运销公司、配送中心等与“商户”的对接，进而搭建多种形式的产销对接平台。其中“商户”，泛指农产品销售企业或销售平台。产销对接平台的搭建，重点是如何对接“商户”，具体来说，提出以下对策建议：

(1) 充分发挥销售龙头企业主体作用。

应坚持政府搭台服务、生产主体联合、企业市场运作的原则，落实

优惠政策，整合农产品生产、加工、贮藏、运输、经销企业的资源和力量，扶强做大销售龙头企业，走集团化发展之路。转变政府支持方式，明确销售龙头企业的营销主体地位，利用市场运作机制，让企业成为树立品牌形象和培育品牌文化的主角，提升营销宣传投入效果。

（2）构建产销对接平台的利益联结机制。

加快专业合作社的发展，并引导龙头销售企业积极与合作社加强合作，建立销售龙头企业的农产品采购基地，形成“销售龙头企业+合作社+农户”的发展模式，不断提高产业化组织程度，形成风险共担、利益共享、利润分配相对合理的机制，促进农户按标准化生产的要求搞好农产品生产管理，提高农产品质量。同时通过利益机制的引导消除小散户闯市场，扰乱市场秩序与价格的现象，从而有效促进产销对接平台的运行效率。为真正达到“销售龙头企业+合作社+农户”模式形成风险共担、利益共享、利润分配相对合理的机制，避免模式中农户处于弱势地位，龙头企业违约情况出现，政府应鼓励和引导推行龙头企业和农户在一定程度上的产权一体化，如合作社控股是可行模式之一。

（3）建立现代市场营销模式。

积极采用设立专销区、农超对接、农网对接和网络直销等现代流通手段，减少流通环节的同时，降低农产品进入市场成本，进而提高农产品的市场竞争力。深入分析农产品产销不平衡、农产品替代性及同类农产品竞争性特点，利用现代流通手段和营销策略，培养客户忠诚度，提高销售黄金期的销售与价格。尤其要加强和支持农产品电子商务平台建设，将其作为重要战略制高点，培育一批农产品电子商务龙头企业，促进农产品网络销售发展。依托阿里巴巴、淘宝网等知名的第三方电子商务平台，推动农产品电子商务平台与农业产业化基地、大型农民专业合作社、农产品营销大户、大型连锁超市和餐饮企业对接，扩大网上交易规模。积极开展示范培育工作，发展县域服务驱动型、特色品牌营销型等多元化的农产品电子商务模式。

（4）建设营销平台。

积极参与或组织农产品展示展销会、博览会、艺术节等活动，提升区域农产品，尤其是具有区域特色农产品的市场影响力，进而为农产品的市场渠道与营销平台的建立提供基础优势。建设农产品产地专业批发市场或物流园区，为农产品的交易、配送、价格形成、调节供求、信息交换等提供服务，及时采集、整理和发布相关供给与需求、成本、价格信息、国际国内市场行情等农产品市场营销信息，避免由于信息不对称造成经销商扎堆销售现象，化解价格变动风险，引导农产品有序流通。

（5）加强产销链的对接。

建立流通链各主体之间诚信互助、利益共享、风险共担的稳定合作机制。搞好政府部门之间的对接，通过产地政府与销地政府之间的对接，产销双方建立良好的合作关系，更好、更有效地开展农产品区域市场开拓，并在销地政府的帮助和支持下，更加有效地开展农产品品牌的保护、打假维权等活动。做好批发市场供销对接，积极探索新的农产品流通方式，发展“农超对接”“农网对接”等新型对接形式。

（6）积极打造基于物流基地（中心）的渠道整合平台。

整合模式见图6－1，物流基地（中心）应是拥有多种物流服务和物流设施的不同类型物流企业在空间上相对集中而形成的场所，依靠整体优势和优势互补形成一定的综合效应和规模效应，促进农产品流通一体化、集约化发展，进而有助于其流通速度加快，可依托农产品批发市场改建，并应集有采购、储存、加工、包装、运输、分销等功能。可行的发展方向是“合作社＋物流中心/物流基地＋零售企业”流通渠道整合模式。

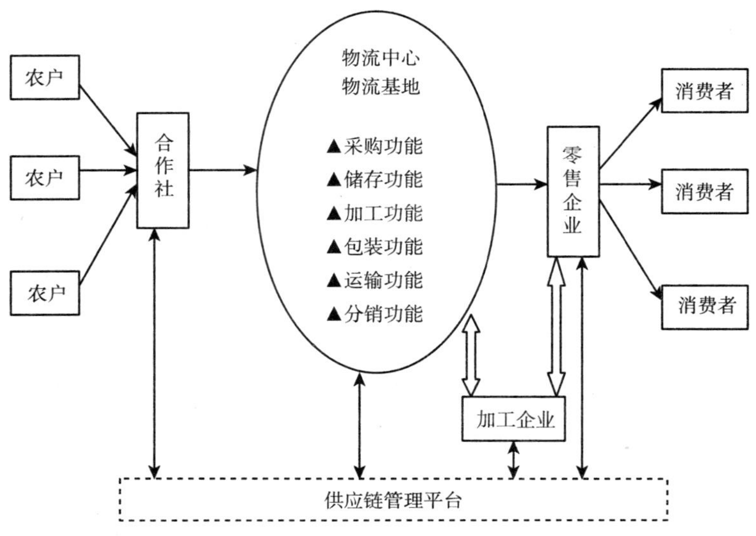

图6-1　基于物流基地（中心）的农产品流通渠道整合模式

6.2　完善农产品流通基础设施，强化农产品流通中的物流技术创新

前述提出有效控制农产品流通链成本，其中的核心是减少流通层次。但只要存在农产品的流通过程，就离不开流通基础设施及相应物流技术的支撑。因而，完善农产品流通基础设施、创新农产品流通中的物流技术是有效控制农产品流通链成本的关键。一方面，农产品生产时间的相对集中性与农产品消费时间的相对分散性矛盾，要求构建广阔的农产品流通网络，这需要完善的农产品流通基础设施；另一方面，农产品，尤其是生鲜或鲜活农产品，在流通过程中，要注重其相应品质、外观、价值等属性的保护，减少损耗成本，这要求有相应的物流技术支持。为此，一是要完善提升物流设施网络的建设；二是要加强物流技术的创新与应用。

6.2.1　完善提升农产品流通设施网络建设

（1）统筹规划农产品流通基础网络布局。

充分利用铁路、港口码头、机场和公路等交通枢纽，科学规划和建设一批集仓储、配送、加工、交易、展示、信息交流、金融服务、国际贸易等功能于一体的农产品物流园区；依托中心城市、农产品主产区和主销区规划建设或升级改造一批功能齐全、层次标准高、集聚能力强、辐射范围广的区域性农产品批发市场、农产品物流中心，实现农产品就地交易与转运；改造和建设一批高标准的、物流功能较强的农贸市场。完善由农产品物流园区、农产品批发市场、物流中心、农贸市场、田头市场等节点构成的，布局合理、功能完善、有机联动、协调发展的农产品物流网络布局。

（2）完善农产品批发市场布局。

近年来，尽管农产品流通模式不断创新，但根据发布的数据显示，现阶段，我国仍然是超过70%农产品的流通是通过专业批发市场完成。因此，完善农产品流通基础设施，批发市场的建设与布局仍是关键。具体来说：

一是针对国家级农产品产地批发市场，应打破区域观念，以产业基础为选点要素。作为国家级农产品产地批发市场的农产品产业应属于国内排名靠前，且为消费大类的农产品，如江西赣南脐橙、山东寿光蔬菜等。功能定位方面：国家级农产品批发市场在功能定位上，应做到“理念超前、设计科学、主体突出、要素聚集、装备完善、管理规范、效益显著”。要满足物流集散、价格形成、科技研发、会展贸易等功能要素。

二是针对区域性农产品产地批发市场，应根据全国优势农产品规划进行选点，具体地点应参考当地农产品在各区域乃至全国的销售量、市场占有率、品牌影响力等综合因素，在布局上突出优势产区、兼顾现实基础。区域性农产品批发市场的功能应立足本区域，辐射全国，做到包装分级、检验检测、信息发布、电子结算、冷藏保鲜、物流配送一应俱全。

三是要因地制宜地发展田头市场这类农产品市场流通环节最为缺乏的场所，建议在农村建设一批具有硬化地面、钢架厅棚的简易交易场所，配备简单的冷藏保鲜设施和必要的信息化系统，为农产品交易、晾晒、储存提供场地和支撑。

（3）强化社会化与专业化流通服务企业的发展。

支持并鼓励农产品批发市场向专业化、社会化流通型企业发展，使其向具有强大物流配送功能的物流中心或配送中心转型，而不仅仅是一个农产品物流的集散地；由于农产品的物流利润低，农产品专业物流市场亟待加强，应积极培育组织化、专业化的现代农产品物流企业，提升其专业化、规模化服务水平，进而发挥引领示范作用，带动农产品流通服务业的发展；鼓励大型第三方农产品物流企业充分发挥资本运作、资源配置、技术创新和市场拓展等优势，整合中间流通商；充分利用国家设立的农产品批发市场专项扶持政策，对农产品批发市场信息和检测系统进行升级改造，形成区域大型骨干农产品批发市场的信息系统对接联网。

6.2.2 加强物流技术与科技体系创新服务农产品流通

农产品流通中的物流技术的研发、应用与推广将直接影响农产品流通的效率与效果，包括降低农产品物流成本和其在流通中的损耗，动态跟踪农产品的物流过程并协调相关物流活动的合理化，提升农产品的价值等，进而提高农产品流通能力及其市场竞争力。农产品流通，需要通过物流科技创新和科技支撑体系来节约相应成本。农产品流通中涉及的物流技术主要包括过程跟踪技术、冷藏冷冻技术、低温运输技术、流通加工技术、保鲜包装技术等。政府和企业应该共同协作加大对物流技术的研发力度，大力推广先进的农产品物流技术。政府可对应用和推广先进物流技术的企业给予技术支持、资金支持和税收支持，发挥龙头企业的带头模范作用，并鼓励企业间的技术交流和合作。

加强农产品流通链上各环节的信息沟通与覆盖，搭建农产品生产、流通与消费的信息网络，大力扶持农产品流通公共服务平台型企业发展，及时收集、整理并向社会发布农产品供求、质量、价格等信息，合理引导农产品的生产、流通和消费。推进信息的互联互通，完善各地农产品市场监测预警机制，促进市场平稳有序运行。提高农民的知识水平和计算机应用水平，提高信息网络的利用率和转化率。尤其是基于我国农产品流通以批发市场为主导的现状，要应用科技支撑体系及信息化技术不断寻求批发市场交易方式创新，如逐步尝试拍卖交易、合约交易等新型交易方式，寻求农产品市场范围的更广度的覆盖。

6.3　优化农产品特性、物流服务模式与服务策略的匹配

优化农产品特性、物流服务模式与服务策略的匹配，最终目的是为了降低农产品的流通成本，提高流通参与主体的效益。农产品种类众多，其产品特性也各异，同时我们也知道产品特性会影响到物流服务模式的选择，而不同物流服务模式采取的物流服务策略的重点则不一样。因此，建立农产品特性、物流服务模式、物流服务策略三者之间的战略匹配，是降低农产品流通成本的有效方式之一。为此，提出如图6－2所示的农产品特性、物流服务模式与服务策略的匹配框架。现实中上述三者之间是否匹配往往被忽略，结果是三者不匹配的成本往往是不可见的，只看见库存（成本）上升了，而满足需求的水平反而下降了。具体来说：

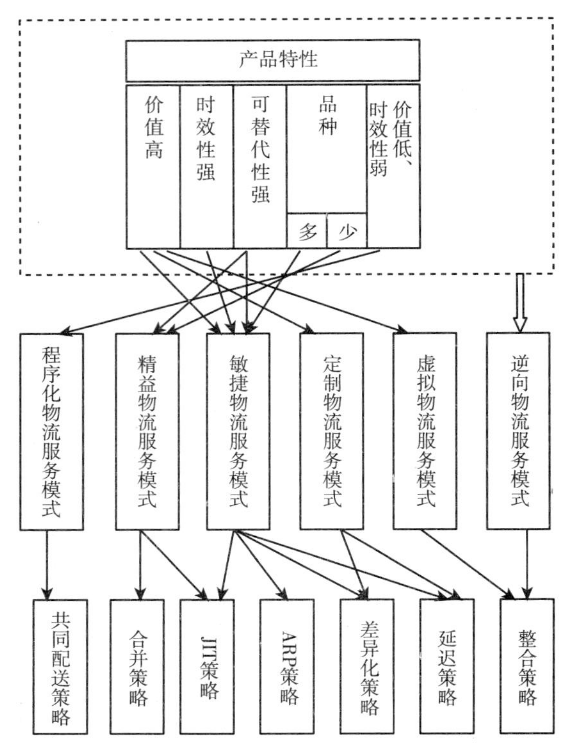

图 6-2　农产品特性、物流服务模式、物流服务策略战略匹配框架

价值低、时效性不强的农产品，如大宗农产品中的粮食，对物流作业没有特殊要求，与之相匹配的物流服务模式为程序化物流服务模式和与之对应的物流服务策略，重点是关注物流成本降低，如果选择其他物流服务模式，如敏捷物流服务模式，则会产生不必要的成本，增加流通成本。

时效性农产品，如鲜活农产品，典型的如高档水产品，由于其具有生命周期短、价值高的特点，要求物流系统能对客户需求作出快速反应，因此与之相匹配的物流服务模式为敏捷物流服务模式和与之对应的物流服务策略。如果选择其他物流服务模式，则会对农产品的流通成本造成以下影响：缺货成本，包括交货延迟或质量问题的违约成本、利润损失成本、由于缺货致使市场份额缩小成本、信誉缺失成本；需求放大、牛鞭效应引起的高库存；贬值成本，包括延迟销售致使贬值、库存过多无法销售致使贬值等。

农产品生产加工中，品种多的产品不选择敏捷物流服务模式，结果缺乏柔性，产生不必要的生产准备等成本；而品种少的产品不选择与之相匹配的精益物流模式，结果产生浪费，产生不必要的高库存与规模不经济。

替代性较强的产品，如一些同质性较强的食品，既需要考虑低成本战略，采用精益物流模式，同时也要考虑产品替代性，采用敏捷物流服务模式，否则可能会产生流通成本的不必要增加或销售损失。

现实中，国内许多从事农产品生产与流通的企业在产品特性、物流需求与物流服务匹配上栽跟斗。企业或将他们的产品不断创新，来赢得竞争优势，但他们追求的是物流服务的高效率和低成本而不是速度，结果可能导致产品市场机遇丧失；或不分析农产品特点，如将不属于一般农产品特征的鲜活农产品放到一般农产品物流的平台上进行运作，结果导致流通成本增加，流通时间加长等。

6.4　从流通链系统整体视角构建全方位的农产品质量问题治理途径

农产品质量问题，从我国近年频发的典型案例看出，主要来自农产品供应的生产与流通环节；但同时，消费者对农产品质量的认知与反应也会逆向影响农产品的供应，进而反作用于农产品质量问题的治理。由此，对农产品质量的控制，应从农产品流通链系统整体的视角，构建全方位的治理途径。

6.4.1 农产品供应的质量问题治理

根据前述章节基于供应视角对农产品质量影响因素的评价结果，对农产品供应的质量问题治理，提出以下政策建议：

(1) 强化农产品供应链上生产与流通企业内部的控制与管理，构建农产品质量保证的源头控制网。

强化农产品供应链上生产与流通企业内部的控制与管理，是治理农产品质量源头风险的关键。从前述农产品质量影响的供应链内部因素评价结果看，技术认知和责任意识是影响农产品质量最为核心的因素，同时责任意识是过程性因素、技术认知是结果性因素。基于此，控制的关键点在以下两个方面：

一是要培育农产品供应链相关参与主体的责任意识。通过价值观的塑造，让相关参与主体充分认识到长期利益与短期利益统一的重要性，减少企业在市场中逐利的自我约束机制；各企业要重视和珍惜自身在市场博弈中来之不易的声誉，将自身利益与其承担的社会责任有效统一，尤其是考虑到农产品具有准公共物品的属性，提高生产者和企业都了解农产品质量安全问题带来风险的重要性认识，做到社会责任优先经济效益；尤其对农产品供应链上的核心企业，要通过政策资金支持、配套服务等手段，培育其责任意识来增强质量控制的意愿，进而起到引领示范效应。

二是要加强技术的投入，构建农产品质量保障的技术网。生产环节，包括生产技术、投入品技术、检验检测技术等，通过对相应技术的认知及应用，化解农产品的生产链风险；流通环节，包括运输保鲜技术、过程跟踪技术等，同样通过相应技术的应用，化解农产品的流通链风险。

（2）加强农产品供应链各参与主体的协作，构建农产品质量保障的机会主义控制网。

农产品供应链上，由于信息不对称，存在机会主义行为，导致链上任一环节出现质量风险，整体链上的风险将不可避免。基于此，加强农产品供应链各参与主体的协作，构成利益共同体是核心。基于前述农产品质量影响的供应链外部因素评价结果，其控制关键在于：

一是加强农产品供应链上各参与主体的信息共享与传递。包括链上主体共同制订相应质量计划与沟通、质量信息的共享等。如此，通过信息共享，一方面可减少各参与主体的机会主义，提升其质量控制的意愿；另一方面，信息共享与传递，还有利于对出现质量问题的供应链环节进行及时追责。

二是农产品供应链上各参与主体的合理利益分享。如果链上各参与主体的利益不能合理分享，则链上附加值低、利益受损的环节或主体将缺乏对农产品进行质量控制的意愿动力，结果是其下游参与者的农产品质量得不到保障，进而影响链条整体的农产品质量保障。因而，建立农产品供应链上各参与主体合理的利益联结与分享机制，减少机会主义的发生，进而为农产品质量保障提供动力机制基础。当然，利益联结与分享机制中，最高层的是纵向一体化，但实际上这种情况在现实中较少，可行的方式是提升农产品生产的流通与组织化程度。

三是通过协作提升农产品生产与流通的组织化程度。组织化程度提高，无论是从农产品的生产还是市场进入环节的质量控制，无疑都具有显著影响。农户之间的合作、龙头企业与农户间合作，有利于农产品生产质量标准实施的同时也增强了他们之间的利益联结，同时他们之间的合作也有利于农产品规模化、规范化的市场进入途径的建立，进而对物流过程的控制、农产品质量追溯体系的建立都可起到积极的作用；供应链上生产与流通（销售）企业的合作，可以进一步把握市场机遇，促进农产品市场流通顺畅，提升农产品生产者质量控制意愿。

6.4.2 充分利用消费者认知与反应对农产品质量提升的作用机制

从前述基于消费视角的农产品质量影响因素的评价结果看出，消费者对农产品质量的认知与反应会反作用于农产品的供应质量，其中健康与风险意识、对产品的了解与信任、获取的信息服务是其中最核心的因素。基于此，提出以下建议：

（1）科学引导农产品消费者的消费观。

首先，要培育与提升农产品消费者的健康与风险意识。要通过媒体宣传、消费者消费价值观塑造、农产品质量安全典型案例展示等手段，让消费者充分认识到农产品的质量问题给其带来最直接的影响及可能面临的健康风险，进而建立起正确的消费观。如此，减少农产品“柠檬市场”的出现，进而压缩问题农产品的市场空间。

其次，培育一批中高端农产品，尤其是绿色农产品的消费群体。一般来说，优质、绿色农产品比一般农产品价格要高，但对于具有传统消费习惯的消费者来说，短时间转变消费观，购买价格高且表面看区分度不大的优质、绿色农产品的难度较大。基于此，要培育一批中高端农产品，尤其是绿色农产品的消费群体，形成上述农产品的稳定需求，进而通过这些消费群体的示范效应及口碑相传，增加其他消费群体对优质农产品的信任和了解程度，进而扩大市场需求。如此，通过市场需求的扩大来增强农产品生产者提供优质、绿色产品的动力与意愿。

（2）提供完善的信息服务，构建消费者对农产品质量安全的监督网。

如提供、完善消费者识别农产品质量并反馈相应质量安全问题的渠道。包括通过媒体、政府宣传、官方网络等消费者信任的渠道，将识别优质安全农产品的知识与手段传递给消费者，如农产品的国家认证标志、农产品的品牌、企业的信誉等。同时，农产品生产企业、政府监管部门等利用现代网络技术的便利性，为消费者实时在线提供农产品有关质量问题的咨询与反馈渠道。如此，一方面降低消费者的选择与追责维权成本；另一方面增强消费者信心，刺激对优质质量农产品的需求，进而增强农产品供应者对质量控制的意愿。实际上，这也是在构筑消费者对农产品质量安全的监督网。

6.5　充分发挥政府层面的宏观引导与调控职能

对农产品流通体系的建设与完善，进而作用于农产品流通链成本控制与质量提升，需要充分发挥政府层面的宏观引导与调控职能。如前述农产品质量影响因素评价结果也论证，尽管控制农产品的质量的关键在于农产品供应链上各生产、流通企业内部的控制与管理，以及农产品供应链上各相关参与主体的通力合作；但其环境因素的引导、调控功能也不可或缺，而其中的引导、调控功能的主体在政府层面。

6.5.1　探索打造政府主导的农产品流通产业投融资平台，并创新平台运作机制

由于农产品流通具有准公共品属性的特征，需要政府部门对相关流通主体的建设、基础设施的完善承担相应的责任与义务。基于此，提出探索成立以政府为主导的、以投融资为主要经营目的的公司，承担农产品流通产业发展和金融资本的运作。该公司可利用强大的政府资源和融资优势，筹集资金，如发行地方政府债券、财政资金投入、土地资源入股引入资金、政府担保引入资金等。具体来说，公司可打造债券投资、股权投资和基金投资三大平台来支持农产品流通主体，尤其是流通主体中的中小企业的发展。打造的平台，即成立的公司，需创新平台运作机

制，由职业经理人来经营和管理，区别于原先的地方政府融资平台运作方式。原先政府投融资平台的运作方式，负责人由政府任命，具有行政级别，如此易导致平台的实际运行过程中，平台负责人考虑到政治风险，如果要投资农产品流通产业（具有回收周期长的风险），基于政治风险规避考虑，提高支持门槛，结果是农产品流通企业，尤其是正在发展中的、具有前景的一些中小企业，可能得不到资金支持，这与国家支持农产品流通产业发展初衷不符。而聘请职业经理人来经营和管理，一方面，政治前途考虑这方面顾虑可以消除；另一方面，基于我国职业经理人市场的发展和成熟，职业经理人凭借自己的市场敏锐性，对平台进行经营和管理，将资金投放到最有前景的产业（企业）市场，能提高平台的经营、管理效率。使得具有发展前景的，需要资金支持的企业能有效得到支持。

同时，考虑到其公共品的属性，国家为了扶持农产品流通企业的发展和壮大，从财税金融等方面出台一揽子政策，包括给予资金支持、税收优惠、债券和股票融资等。政府融资平台结合培育和发展农产品流通产业，将相关优惠政策融入到公司（平台）运作中，降低资金需求企业融资成本，支持农产品流通产业发展；另外，相关优惠政策加上通过职业经理人打理，可以不断提高平台公司整体的盈利能力。

6.5.2 完善农产品的监管与惩罚体系

在监管体系方面，一是要健全农产品检测体系，质量检测是确保农产品及其加工产品质量安全的有效措施。各级政府，对其管辖区域内的农产品加工企业、基地、市场、超市等，要求他们逐步建立农产品质量检测室，在管辖区域内要形成以省检测中心为龙头、市（县）检测机构为骨干、镇（街道）和经营场所检测机构为补充的检测网络圈覆盖。二是健全监控体系。要建立农产品量安全监控平台，实行对农产品全方位科学监控，如对生产地环境、生产投入品、流通中的过程监控等。三是要逐步引导生产者、消费者、媒体等共同来监管农产品的质量安全，对生产者要加强引导其行业自律，对消费者要培育其监督意识，对媒体要引导规范其监督的信息传播功能与渠道。

在惩罚体系方面，一是要完善农产品质量安全追溯体系与制度，降低政府追责的成本；二是要加大处罚力度，起到强大威慑力的功能。

6.5.3　构建农产品流通主体诚信平台

由于农产品具有准公共物品的属性，决定在农产品质量安全管理中，诚信平台建设的重要性，并其也要求政府更多主导农产品生产流通中相关主体诚信的信息征集与信息公布，而不能仅靠市场的力量。

政府要致力搭建农产品流通诚信服务平台，平台建设过程中，一是政府平台要与大型流通平台企业信用数据交换共享；二是探索企业信用与企业实际控制人终身挂钩制度，进而规避企业法人与实际控制人不同情形下，实际控制人逃避失信的惩罚。对于数据交换共享，即政府流通诚信服务平台建设的数据需要大型流通平台企业信用数据的支撑，同时政府平台数据向平台企业开放，服务平台企业业务需要，各取所需，实现双赢，进而推进农产品流通市场的良性发展。

6.5.4　形成农产品流通费用与流通政策调查制度

农产品与其他产品最大的差别在于其准公共物品的属性，要求政府承担更多的责任与义务。因此，在农产品的生产与流通过程中，政府的政策制定与调控能力则显得尤为重要，如流通费用如何分担，相应流通政策如何调整；等等。而上述问题的解决有赖于相应制度的建立与完善，尤其是统计调查制度的建设与完善。流通费用与流通政策统计调查制度的建立包括两个方面：一是政府层面的问题分析制度；二是形成下层至上层（政府）的真实信息传递机制。尤其是真实信息传递机制，需要统计调查制度的建立来完善，否则可能存在农产品流通公共政策的形成过程中，农产品流通参与主体中的大部分被排斥在外，连信息传递的权利都没有，更谈不上真实信息传递；而拥有政策制定话语权的则被极少数大型企业、利益集团或政府官员垄断，他们可能是在传递真实信息，但仅代表他们自身的利益，结果是传递真实信息的机制也就谈不上。

6.6 本章小结

在前面各章研究基础上，本章从五个方面有针对性地提出了农产品流通链成本与质量控制的政策建议。具体包括：一是减少农产品流通环节，促进新型农产品流通模式发展；二是完善农产品流通基础设施，强化农产品流通中的物流技术创新；三是优化农产品特性、物流服务模式与服务策略的匹配；四是从流通链系统整体视角构建全方位的农产品质量问题治理途径；五是充分发挥政府层面的宏观引导与调控职能。并分别就上述五个方面进行了详细的分析。

第7章　总结与研究展望

7.1　总　结

在中共中央大力推进社会主义新农村建设和打赢农村扶贫攻坚战，到2020年全面脱贫以及全面建成小康社会的新形势下，促进农民收入持续增长将是近阶段农业和农村经济发展的中心任务。满足城乡生产、生活对农产品的需求，必须通过农产品的流通来实现；而农产品流通成本深刻影响着农产品价格和农业产业链的利益分配，并对农民增收、城乡居民生活和农产品供给保障机制的发育有着重要影响。同时，“民以食为天，食以安为先”，伴随着近年来发生的农产品质量问题引发的生产者和消费者两败俱伤的严重后果，农产品质量管理问题，不仅是随着城乡居民收入和消费水平的提高，消费者对农产品质量管理需求的结果，也是政府治理的需要。为此，本书采用实际调查、案例分析、对比分析、模拟分析、DEMATEL分析等研究方法，就如何有效控制农产品流通链成本与质量相关问题进行系统深入研究，取得了预期研究成果，主要的创新性研究工作及其研究结论总结如下：

（1）以典型案例调查深入分析农产品流通相关主体成本与利益匹配情况。

针对我国农产品流通成本高、流通环节多、农产品流通层层加价的问题，试图以农业大省——江西省的典型农产品为例，通过农产品流通过程中相关参与主体的成本与利益匹配情况的调查与分析，进而发现农产品流通过程中普遍存在的问题，寻求流通成本控制的视角与途径。调查分析发现，农产品流通过程中，流通链条越长，农产品加价行为越严重，除去相关参与主体获得所需利益外，流通链条越长，流通成本越高是其中重要因素；流通链条越长，农户增值在整条流通增值链中所占的比例越低，农户收益受损越大；流通模式落后导致流通主体利益分配不合理。

（2）基于供应链结构选择优化视角，模拟分析不同结构选择对流通成本的影响，进而为农产品流通成本控制策略选择提供新的视角和依据。

从典型农产品调查看出，要降低流通成本、提升流通效益，流通模式的改进与提升非常关键。为此，在总结分析农产品供应链现状基础上，综合其现有农产品供应链特征，设计了产销随机型与产销对接型两种农产品供应链模式；基于设计的两种供应链模式，分别构建两种模式下的流通链成本模型，并根据构建的成本模型，以蔬菜为例，应用 MATLAB 软件对两种模式下的流通链成本进行了模拟与比较分析，从而清晰看出不同供应链结构选择对农产品流通链成本的影响。具体来说：在产销随机型供应链模式下，由于各交易环节的随机性以及无组织性，使得各个交易阶段的供需关系失衡，不仅导致流通成本上升，而且农产品价格上也呈现不稳定性；同时该模式下流通时间较长，产生价值的损耗。相比较而言，产销对接型模式下，流通时间更短，交易环节更少，在一定程度上有效地降低了流通成本，交易主体在保证自身利益的情况下能够以比较低的价格出售农产品，一定程度上实现农民增产增收、中间商获得高收益、消费者获得满意度高农产品的“三好”局面。这也为后续农产品流通链成本控制策略提出提供了有力的依据。

（3）从流通链整体视角，应用 DEMATEL 方法系统分析评价农产品质量影响因素。

从农产品流通链构成看，农产品质量的影响因素，除了从综合考虑农产品生产与流通环节的供应视角来分析其影响因素，同时消费者的认知与反应将会反过来影响农产品供应质量。为此，基于供应和消费两个视角分析了农产品质量影响因素；在此基础上通过对 DEMATEL 方法的适用性分析，应用 DEMATEL 方法分别从供应、消费两个视角定量评价农产品质量的影响因素，其中供应视角评价，从供应链系统整体出发，分别评价了供应链内部、外部与环境因素。如此，通过系统分析与定量评价农产品质量影响因素，进而为后续农产品质量管理与提升相关对策建议提出提供了有力的依据。

（4）在前面各章研究基础上，从五个方面有针对性地提出了农产品流通链成本与质量控制的政策建议。

一是减少农产品流通环节，促进新型农产品流通模式发展；二是善农产品流通基础设施，强化农产品流通中的物流技术创新；三是优化农产品特性、物流服务模式与服务策略的匹配；四是从流通链系统整体视角构建全方位的农产品质量问题治理途径；五是充分发挥政府层面的宏观引导与调控职能。并分别就上述五个方面进行了详细的分析。

7.2　特色与建树

根据本书研究内容，其特色与建树体现在以下几个方面：

（1）农产品流通模式选择对农产品流通成本有着关键影响。

考虑到以往农产品流通链成本研究中，倾向于孤立研究农产品流通成本或农产品供应链问题，其实这两个问题是紧密相连的，从典型农产品调查看出，要降低流通成本、提升流通效益，流通模式的改进与提升非常关键。鉴于此，本书将农产品供应链模式与流通链成本控制相结合进行研究，使宏观定性层面与微观定量层面研究有效衔接，进而为农产品流通领域研究提供一种新思路、新视角。同时，基于以往农产品流通链成本模型大多停留在理论分析层面，本书通过构建不同模式下的成本定量模型，并对不同模式下的流通链成本进行了模拟与比较分析，从而清晰看出，不同供应链结构选择对农产品流通链成本的影响已论证上述观点，也为农产品流通链成本控制策略提出提供了有力的依据。

（2）对农产品质量进行有效管理与控制，应从包含农产品的生产、流通与消费的流通链系统整体视角出发。

本书从农产品流通链视角，应用 DEMATEL 方法系统分析与评估农产品质量各影响因素的重要程度及因素间相互作用机理。具体来说，从农产品供应、消费两个视角系统定量分析评估影响农产品质量各因素的重要性及关联性，如此既考虑了包括生产、流通的农产品供应环节的农产品质量影响因素，同时又考虑了消费者对农产品供应质量的逆向反作用因素。既符合实际，也是对以往农产品质量相关研究多从局部如农户视角、核心企业视角、组织模式视角等单一层面或单一因素开展的有益补充，还为农产品质量管理策略提出提供了新的视角及有力的依据。

7.3 研究展望

尽管本书对农产品流通链成本控制与质量管理相关问题进行了系统深入研究，但如何有效控制农产品流通链成本与质量的研究，是一个通过理论分析与实践总结相结合的不断完善发展的过程。因此，本书仍然存在值得进一步深入研究的问题。

一是考虑到收集数据的困难，在流通成本分析与控制研究上，本书仅以生鲜农产品为例进行调查与模拟比较分析，如果数据能支撑，进一步深入比较分析不同特征农产品间的流通模式选择、流通链成本影响因素等可能效果会更好，包括能进一步为相关对策建议提出提供更有力依据；二是由于农产品质量标准难以量化，关于农产品质量影响因素的分析，仅从整体层面进行分析评价，如果能进一步量化不同行业农产品质量标准，并选择不同行业案例，通过收集数据进行实证评价并比较分析找出影响农产品质量的关键因素，其结果可能更具说服力。以上不足都有待在今后的研究中进一步延伸和强化。

附录 1

农产品质量影响因素设置调查问卷

尊敬的专家：

您好！感谢您在百忙之中接受我们的问卷调查。我们是江西财经大学“农产品流通链成本控制与质量管理”课题研究组，诚挚邀请您通过填写调查问卷参加课题的研究工作。问卷调查结果仅供科研使用，并非其他商业用途，对于回收资料保证绝对保密。非常感谢您的支持与合作！

1. 问卷说明部分

为了更好地对农产品质量影响因素的评价，我们设置的影响因素包含了较多的指标。然而，考虑到有一些指标可能不符合实际情况，我们将根据您的建议剔除一些不合理的指标。

2. 举例说明部分

您所填的结果表示指标的合理性，如表 1 和表 2 所示。

表 1　　指标得分

指标	技术认知	责任意识	能力水平
得分	1	5	3

表 2　　得分取值含义表

得分的取值	含义
1	指标非常不合理
2	指标不合理

续表

得分的取值	含义
3	指标一般，可有可无
4	指标合理
5	指标非常合理

注：表明技术认知因素设置非常不合理，即技术认知因素对农产品质量的影响非常不重要，可不设置该指标；责任意识因素非常重要，在影响因素中一定要考虑；能力水平因素一般，在指标中可有可无（仅是举例，得分不具有任何意义）。

3. 问卷部分

3.1　农产品质量影响因素设置的初始指标

表3　基于供应视角的农产品质量影响因素指标集

一级指标	二级指标	三级指标
供应链内部因素	技术认知	生产技术的认知
		投入品技术的认知
		检验、检测技术的认知
	责任意识	生产者责任意识
		企业管理层责任意识
		农产品质量安全问题带来的风险
	能力水平	文化程度
		受培训程度
		生产服务和指导
		销售收入
		企业规模
		相关贮藏运输设备与技术应用

续表

供应链外部因素	组织化程度	生产模式
		一体化程度
		经济效益
		进入市场途径
	协调程度	农户间协同程度
		企业间协同程度
		企业与农户间的订单往来
		上下游企业间合作
		利润分配
		物流控制
	信息共享	质量安全信息共享
		经营业绩信息共享
		共同制订计划或者沟通
		质量控制的最新进展共享
供应链环境因素	生产地自然环境	农业灌溉
		土壤残留物
		大气环境
	宏观政策环境	法规体系
		追溯制度
		召回措施
		监管力度
		惩罚力度
		政策宣传与认知

3.2 具体评价部分

一级指标合理性评价：

一级指标	供应链内部因素维度	供应链外部因素维度	供应链环境因素维度
得分			

（1）如果认为供应链内部因素维度指标非常不合理，（1）步骤可跳过不填。

供应链内部因素维度指标合理性评价：

二级指标	技术认知	责任意识	能力水平
得分			

①技术认知指标的合理性评价：

三级指标	生产技术的认知	投入品技术的认知	检验、检测技术的认知
得分			

注：如果认为技术认知指标非常不合理，该步骤可跳过。

②责任意识指标的合理性评价：

三级指标	生产者责任意识	企业管理层责任意识	农产品质量安全问题带来的风险认识
得分			

注：如果认为责任意识指标非常不合理，该步骤可跳过。

③能力水平指标的合理性评价：

三级指标	文化程度	受培训程度	生产服务和指导	销售收入	企业规模	相关贮藏运输设备与技术应用
得分						

注：如果认为能力水平指标非常不合理，该步骤可跳过。

（2）如果认为供应链外部因素维度指标非常不合理，（2）步骤可跳过不填。

供应链外部因素维度指标合理性评价：

二级指标	组织化程度	协调程度	信息共享度
得分			

①组织化程度指标的合理性性评价：

三级指标	生产模式	流通一体化程度	农产品经济效益	农产品进入市场途径
得分				

注：如果认为组织化程度指标非常不合理，该步骤可跳过。

②协调程度指标的合理性性评价：

三级指标	农户间协同程度	企业间协同程度	企业与农户间的订单往来	上下游企业间合作	利润分配	物流控制
得分						

注：如果认为协调程度指标非常不合理，该步骤可跳过。

③信息共享度指标合理性评价：

三级指标	质量安全信息共享	经营业绩信息共享	共同制定计划或者沟通	质量控制的最新进展共享
得分				

注：如果认为信息共享度指标非常不合理，该步骤可跳过。

（3）如果认为供应链环境因素维度指标非常不合理，（3）步骤可跳过不填。

供应链环境因素指标合理性评价：

二级指标	生产地自然环境	宏观政策环境
得分		

①生产地自然环境指标合理性评价：

三级指标	农业灌溉	土壤残留物	大气环境
得分			

注：如果认为生产地自然环境指标非常不合理，该步骤可跳过。

②宏观政策环境指标合理性评价：

三级指标	法规体系	追溯制度	召回措施	监管力度	惩罚力度	政策宣传与认知
得分						

注：如果认为宏观政策环境指标非常不合理，该步骤可跳过。

（4）您对指标设置的意见与看法：

附录 2

农产品质量影响因素的重要性程度调查问卷

尊敬的专家：

您好！感谢您在百忙之中接受我们的问卷调查。我们是江西财经大学“农产品流通链成本控制与质量管理”课题研究组，诚挚邀请您通过填写调查问卷参加课题的研究工作。问卷调查结果仅供科研使用，并非其他商业用途，对于回收资料保证绝对保密。非常感谢您的支持与合作！

1. 问卷说明部分

为了更好地评价相关因素对农产品质量的影响程度，我们设置了农产品质量影响因素的相关指标。考虑到不同因素对农产品质量的影响程度不同，为了更客观得到相关因素对农产品质量影响程度的结果，我们请您对我们设置的相应因素对农产品质量影响的重要性程度进行评价。

2. 举例说明部分

您所填的结果表示相应指标对农产品质量影响的重要性程度，如表 1和表 2 所示。

表 1　　指标得分

指标	生产技术的认知	投入品技术的认知	检验、检测技术的认知
得分	1	5	3

表2　得分取值含义

得分的取值	含义
1	不重要
2	不太重要
3	一般
4	比较重要
5	非常重要

注：表明生产技术的认知对农产品质量的影响不重要，投入品技术的认知非常重要，检验、检测技术的认知一般（仅是举例，得分不具有任何意义）。

3. 问卷主体

下列是有关农产品质量影响因素指标的设置，请对这些陈述项目的重要程度作出评价，并在选择的方框内打“√”。

表3　供应链内部因素对农产品质量的影响

陈述项目	评价等级				
	十分重要	比较重要	一般	不太重要	不重要
1. 生产技术的认知	□5	□4	□3	□2	□1
2. 投入品技术的认知	□5	□4	□3	□2	□1
3. 检验、检测技术的认知	□5	□4	□3	□2	□1
4. 生产者责任意识	□5	□4	□3	□2	□1
5. 企业管理层责任意识	□5	□4	□3	□2	□1
6. 农产品质量安全问题带来的风险	□5	□4	□3	□2	□1
7. 文化程度	□5	□4	□3	□2	□1
8. 受培训程度	□5	□4	□3	□2	□1
9. 生产服务和指导	□5	□4	□3	□2	□1

表 4　　供应链外部因素对农产品质量的影响

陈述项目	评价等级				
	十分重要	比较重要	一般	不太重要	不重要
1. 生产模式（如散户生产、基地生产、合作社生产模式）	□5	□4	□3	□2	□1
2. 一体化程度	□5	□4	□3	□2	□1
3. 经济效益	□5	□4	□3	□2	□1
4. 进入市场途径（直接进入农贸市场或者通过超市销售）	□5	□4	□3	□2	□1
5. 农户间协同程度	□5	□4	□3	□2	□1
6. 企业间协同程度	□5	□4	□3	□2	□1
7. 企业与农户间订单往来	□5	□4	□3	□2	□1
8. 上下游企业间合作	□5	□4	□3	□2	□1
9. 利润分配	□5	□4	□3	□2	□1
10. 质量安全信息共享	□5	□4	□3	□2	□1
11. 经营业绩信息共享	□5	□4	□3	□2	□1
12. 共同制订计划或者沟通	□5	□4	□3	□2	□1

表 5　　供应链环境因素对农产品质量的影响

陈述项目	评价等级				
	十分重要	比较重要	一般	不太重要	不重要
1. 农业灌溉	□5	□4	□3	□2	□1
2. 土壤残留物	□5	□4	□3	□2	□1
3. 大气环境	□5	□4	□3	□2	□1
4. 法规体系	□5	□4	□3	□2	□1
5. 追溯制度	□5	□4	□3	□2	□1
6. 监管力度	□5	□4	□3	□2	□1

表6　　农产品消费者的认知与反应对农产品质量的影响

陈述项目	评价等级				
	十分重要	比较重要	一般	不太重要	不重要
1. 消费倾向和习惯	□5	□4	□3	□2	□1
2. 消费者的购买能力和购买地点	□5	□4	□3	□2	□1
3. 对农产品的信任和了解程度	□5	□4	□3	□2	□1
4. 消费者的品牌意识	□5	□4	□3	□2	□1
5. 信息服务和政府管制	□5	□4	□3	□2	□1
6. 消费者的健康与风险意识	□5	□4	□3	□2	□1
7. 农产品的价格	□5	□4	□3	□2	□1

4. 对于当前农产品质量安全您还有什么看法和建议：

___

___

参考文献

[1] A. S. Al-Mudimigh, M. Zairi, M. Ahmed. Extending the concept of supply chain: the effective management of value chains [J]. International journal of production economics, 2004 (87): 309 - 320.

[2] A. J. M. Beulens. Food safety and transparency in food chains and networks relationships and challenges [J]. Food Control, 2005 (16): 481 - 486.

[3] Amit Sachan, B. S. Sahay and Dinesh Sharma. Developing Indian grain supply chain cost model: a system dynamics approach [J]. International Journal of Productivity and Performance Management, 2005, 54 (3): 187 - 205.

[4] Barkema A. Reaching consumers in the twenty-first century [J]. American Journal of Agricultural Economies, 1993 (75): 1126 - 1131.

[5] Boehlje. M. L., F. Sehrader. "The Industrialization of Agriculture: Questions Of Coordination" In The Industrialization of Agriculture, eds. J. S. Royer and R. C. Rogers, 3 - 26. Great Britain: The IPswich Book Company, 1988.

[6] Bosele D. Business Case Description TOPS Supply Chain Project [J]. Thailand, KLICTIASCD Toolkit, 2002 (1).

[7] Chambers, R. G. and M. D. Weiss., Revisiting Minimum-Quality Standards [J]. Economics Letters, 1992, 40 (2): 197 - 201.

[8] Das, A., M. Pagell, M. Behm, A. Veltri. Toward a Theory of the

Linkages Between Safety and Quality [J]. Journal of Operations Management, 2007 (26): 521 -535.

[9] Emst, Yong LLP. Activity-based costing for food wholesales and retailers, Joint industry project on Efficient consumer responses [Z]. 1994, 7—ERS AGEC Report 19, 1963.

[10] Golan E., Krissoff B., Kuehler B., etal. Traceability in the US Food Supply: Dead End or Superhighway [J]. CHOICES, 2003 (2).

[11] Herrero, S. G. et al. From the Traditional Concept of Safety Management to Safety Integrated with Quality [J]. Journal of Safety Research, 2002 (33): 1 -20.

[12] Hori, Shinichiro and Shimizu, Yujiro. Designing Methods of Human Interface for Supervisory [J]. Control Systems, Control Engineering Practice, 1999 (7): 1413 -1419.

[13] KG Grunert, K Brunsø, L Bredahl, AC Bech. Food-Related Lifestyle: A Segmentation Approach to European Food Consumers [J]. Springer Berlin Heidelberg, 2001: 211 -230

[14] Kurt Salmon Asociation. Efficient consumer response [M]. Washington D. C: Food marketing institute, 1993.

[15] L. Carr, C. D. Ittner. Measuring the cost of ownership [J]. Journal of cost management, 1992, 6 (3): 42 -51.

[16] Lisa M. Ellram. A taxonomy of total cost ownership models [J]. Journal of business logistics, 1994, 15 (1): 171 -191.

[17] Miehael Sykuta and Harvey S. James. Organizational Economics Research in the U. S. Agricultural Sector and the Contracting and Organizations Research Institute [J]. American Journal of Agricultural Economics, 2004, 86 (3).

[18] Mighell. R. L. and L. A. Jones. Vertical Coordinationin Agriculture. U. S. Department of Agriculture [R]. Economic Research Service, Agri-

cultural Economic Report 2004 (19).

[19] Pouliot, S. and D. A. Sumner. Traceability, Liability and Incentives for Food Safety and Quality [J]. American Journal of Agricultural Economics, 2008, 90 (1): 15 -27.

[20] Renee Kim. Japanese consumers'use of extrinsic and intrinsic cues to mitigate risky food choices [J]. International journal of consumer studies, 2008, 32 (1): 49 -58.

[21] Rouvire E, Caswell J A. From punishment to prevention: a French case study of the introduction of co-regula-tion in enforcing food safety [J]. Food Policy, 2012, 3 (37): 4246 -254.

[22] Ruerd Ruben, Dave Boselie, Hualiang Lu. Vegetables procurement by Asian supermarkets: a transaction cost approach [J]. Supply Chain Management: An International Journal, 2007, 12 (1).

[23] Scott, C and Weatbrook, R. New Strategic Tools for Supply Chain Management [J]. International Journal of physical Distribution and Logistics, 1991, 21 (1), 23 -33.

[24] Starbird, S. A. Moral Hazard, Inspection Policy and Food Safety [J]. American Journal of Agricultural Economics, 2005, 87 (1): 15 -27.

[25] Stringer M. F. , Hall M. N. A generic model of the integrated food supply chain to aid the investigation of food safety breakdowns [J]. Food Contral, 2006: 1 -11.

[26] Theodore, P. , Patricia, D. , & Alexander, E. Information Exchange, Responsiveness, and Logistic Provider Performance [J]. International Journal of Logistic Management, 2004, 7 (2).

[27] Tzu-An Chiang, Amy J. C. Trappey. Development of value chain collaborative model for product lifecycle management and its LCD industry adoption [J]. International journal of production economics, 2007 (109): 90 -104.

[28] Unnevehr, L. Food Safety: Setting and Enforcing Standards [J]. Choices, 2003, 1 (1): 9-13.

[29] 财政部、国家税务总局《关于免征蔬菜流通环节增值税有关问题的通知》(2012).

[30] 陈小霖，冯俊文．农产品供应链中的信息控管问题研究 [J]. 科学学与科学技术管理，2007 (11).

[31] 陈耀庭，戴俊玉，管曦．不同流通模式下农产品流通效率比较研究 [J]. 农业经济问题，2015 (3).

[32] 单芳．供应链体系下农产品流通模式发展创新 [J]. 商业经济研究，2016 (9).

[33] 丁宁．流通创新提升农产品质量安全水平研究——以合肥市肉菜流通追溯体系和周谷堆农产品批发市场为例 [J]. 农业经济问题，2015 (11).

[34] 丁小莉．试论价值链分析在企业战略成本管理中的应用 [J]. 当地财经，2015 (11).

[35] 冯海龙．价值链管理：一种提升企业竞争力的战略管理模式 [J]. 经济体制改革，2002 (4): 71-75.

[36] 高齐圣，路兰．农产品质量安全影响因素分析——基于 DEMATEL 和 QFD 方法 [J]. 复杂系统与复杂科学，2013, 10 (1): 89-94.

[37] 高小兰，王址道．基于流通渠道优化的农产品流通成本和效率分析 [J]. 农业经济，2015 (12).

[38] 郭欣旺．市场参与方式对农户收入与分配的影响研究 [D]. 中国农业科学院博士论文，2011.

[39] 国家发改委，南开大学现代物流研究中心．中国现代物流发展报告 (2007) [R]. 北京：机械工业出版社，2007.

[40] 国家发改委等 12 部委《关于鼓励和引导民间投资进入物流领域的实施意见》(2012).

[41] 国务院《关于加强鲜活农产品流通体系建设的意见》(2011).

[42] 国务院《国务院办公厅关于促进生猪生产平稳健康持续发展防止市场供应和价格大幅波动的通知》(2011).

[43] 国务院《国务院办公厅关于加强农产品质量安全监管工作的通知》(2013).

[44] 国务院《国务院办公厅关于加强鲜活农产品流通体系建设的意见》(2012).

[45] 国务院《国务院关于地方改革完善食品药品监督管理体制的指导意见》(2013).

[46] 国务院《国务院关于深化流通体制改革加快流通产业发展的意见》(2012).

[47] 国务院《国务院关于支持农业产业化龙头企业发展的意见》(2012).

[48] 国务院《降低流通费用提高流通效率综合工作方案》(2013).

[49] 胡大立，吴照云．关于优化价值链的几点分析 [J]．中国工业经济，2001 (12)：73 -76.

[50] 黄桂红，贾仁安．生鲜农产品供应链系统反馈结构模型的建立与应用：以赣南脐橙为例 [J]．系统工程理论与实践，2010，30 (6).

[51] 黄祖辉，刘东英．论生鲜农产品物流链的类型与形成机理 [J]．中国农村经济，2006 (11).

[52] 黄祖辉，张静，Kevin Chen. 交易费用与农户契约选择——来自浙冀两省 15 县 30 个村梨农调查的经验证据 [J]．管理世界，2008 (9)：76 -81.

[53] 贾敬敦．农产品流通蓝皮书《中国农产品流通产业发展报告(2012)》[R]．北京：社会科学文献出版社，2012.

[54] 江西省人民政府办公厅《关于进一步促进赣南脐橙产业发展的意见》(2012).

[55] 李圣军. 农产品流通环节利益分配机制的实证分析 [J]. 农业技术经济, 2010 (11).

[56] 李中东, 孙焕. 基于 DEMATEL 的不同类型技术对农产品质量安全影响效应的实证分析——来自山东、浙江、江苏、河南和陕西五省农户的调查 [J]. 中国农村经济, 2011 (3): 26-33.

[57] 廉亚丽, 李祥洲. 农产品质量安全隐患及控制关键环节分析 [J]. 中国食物与营养, 2012, 18 (8): 12-15.

[58] 刘畅, 张浩, 安玉发. 中国食品质量安全薄弱环节、本质原因及关键控制点研究——基于 1460 个食品质量安全事件的实证分析 [J]. 农业经济问题, 2011 (1): 24-31.

[59] 刘东英, 梁佳. 中国的生鲜蔬菜物流链: 观察与解释——以河北省乐亭县蔬菜物流系统为例 [J]. 中国农村经济, 2007 (8).

[60] 刘伟华, 肖建华, 焦志伦. 农产品封闭供应链典型运作模式及其成本控制研究 [J]. 软科学, 2009 (11).

[61] 刘召云, 孙世民, 王继勇. 我国农产品供应链管理的研究进展及趋势 [J]. 商业研究, 2009 (3).

[62] 吕志轩, 农产品供应链与农户一体化组织引导——浙江个案 [J]. 改革, 2008 (3): 53-57.

[63] 农业部办公厅《关于进一步加强产销衔接保障农产品市场稳定的通知》(2011).

[64] 农业部《关于贯彻〈国务院办公厅关于促进物流业健康发展政策措施的意见〉的通知》(2011).

[65] 农业部《关于加强农产品质量安全全程监管的意见》(2014).

[66] 商务部《关于鼓励和引导民间资本进入商贸流通领域的实施意见》(2012).

[67] 盛媛媛. 基于供应链的农产品物流成本分析 [D]. 兰州商学院硕士论文, 2013.

[68] 宋英杰, 李中东. 政府管制对农产品质量安全技术扩散影响的实证研究 [J]. 科研管理, 2013, 34 (7): 61 -70.

[69] 宋则. 对农产品流通成本真相剖析 [J]. 农产品市场周刊, 2011 (8).

[70] 苏昕, 王可山. 农民合作组织: 破解农产品质量安全困境的现实路径 [J]. 宏观经济观察 [J]. 2013 (2): 76 -79.

[71] 孙侠, 张闯. 我国农产品流通的成本构成与利益分配——基于大连蔬菜流通的案例研究 [J]. 农业经济问题, 2008 (2).

[72] 孙侠. 我国农产品流通的成本构成与利益分配 [D]. 东北财经大学硕士论文, 2007.

[73] 汤石雨等. 吉林省玉米流通成本分析 [J]. 吉林农业大学学报, 2006 (2): 114 -118.

[74] 汪旭晖, 张其林. 电子商务破解生鲜农产品流通困局的内在机理——基于天猫生鲜与沱工社的双案例比较研究 [J]. 中国软科学, 2016 (2).

[75] 王芳, 李赛男, 高茂林, 张艳. 蜂产品生产加工企业质量安全供给动因及影响因素分析 [J]. 农业经济问题, 2011 (9): 98 -103.

[76] 王蕾, 薛国梁, 张红丽. 基于 DEA 分析法的新疆北疆现代物流效率分析 [J]. 资源科学, 2014, 36 (7): 1425 -1433.

[77] 王蕾. 面向"互联网 +"时代的鲜活农产品流通模式改进研究 [J]. 农村经济, 2016 (6).

[78] 王学真, 刘中会, 削涛. 蔬菜从山东寿光生产者到北京最终消费者流通费用的调查与思考 [J] 中国农村经济, 2005 (4): 56 -97.

[79] 王雪峰, 孙小明, 杨芳. 连锁零售企业物流配送系统联合决策模型研究 [J]. 系统工程学报, 2008 (5): 89 -91.

[80] 王颖. 浅析价值链管理 [J]. 经济与管理, 2003 (6): 32.

[81] 文晓巍．农产品供应链流通成本与相关主体利益匹配：广州证据［J］．改革，2011（8）：77－82．

[82] 吴小林．鲜活农产品流通模式演变动力机制及创新策略［J］．农业经济，2015（11）．

[83] 夏春玉，薛建强，徐健．农产品流通：基于网络组织理论的一个分析框架［J］．北京工商大学学报（社科版），2009，24（4）．

[84] 熊会兵，肖文韬．“农超对接”实施条件与模式分析［J］．农业经济问题，2011（2）．

[85] 熊维．电子商务环境下农产品流通模式的选择研究［J］．农村经济，2016（5）．

[86] 徐健，李哲．价格高涨背景下的我国农产品流通成本解构研究——以大连市油菜市场为例［J］．财经问题研究，2015（6）．

[87] 许景，王国才．农产品供应链的纵向协作关系管理研究——基于双边专用性投资的视角［J］．南京工业大学学报（社会科学版），2012，11（1）：76－80

[88] 杨朝慧，郑军．基于关联主体视角的蔬菜质量安全研究述评［J］．山东农业大学学报，2015（9）：45－50．

[89] 杨芳．农业产业集群式供应链运作模式构建及其竞争力研究［J］．安徽农业科学，2011，39（26）：57－60．

[90] 杨头平．企业物流系统成本分析与控制优化研究［D］．华中科技大学博士论文，2008．

[91] 杨宜苗，肖庆功．不同流通渠道下农产品流通成本和效率比较研究——基于锦州市葡萄流通的案例分析［J］．农业经济问题，2011（2）：79－88．

[92] 张蓓，黄志平，杨炳成．农产品供应链核心企业质量安全控制意愿实证分析——基于广东省214家农产品生产企业的调查数据［J］．中国农村经济，2014（1）：62－75．

[93] 张蓓，杨学儒．农产品供应链核心企业质量安全管理的多维

模式及实现路径［J］. 农业现代化研究，2015（1）.

［94］张闯，夏春玉. 深化农村流通体制改革：系统性框架及若干关键点［J］. 财贸研究，2008（1）.

［95］张敏，农产品供应链组织模式与农产品质量安全［J］. 农村经济，2010（8）：101－105.

［96］张艳. 基于供应链管理的中国鲜果流通模式研究［D］. 华中农业大学博士论文，2013.

［97］张煜，汪寿阳，品供应链质量安全管理模式研究——三鹿奶粉事件案例分析［J］. 管理评论，2010，22（10）：67－74.

［98］赵晓飞，田野. 农产品流通领域农民合作组织经济效应的动因与作用机理分析［J］. 财贸研究，2016（2）.

［99］赵晓飞，田 野. 我国农产品流通渠道模式创新研究［J］. 商业经济与管理，2009，208（2）.

［100］赵晓飞. 我国农产品供应链体系构建研究［J］. 农业经济问题，2012（1）：15－22.

［101］赵辛. 交易成本视野的价格波动：自鲜活农产品观察［J］. 改革，2013（3）.

［102］郑风田，孙瑾. 我国农产品产业链中利益错位问题研究［J］. 价格理论与实践，2008（12）.

［103］中共中央、国务院《关于加快推进农业科技创新持续增强农产品供给保障能力的若干意见》（2012）.

［104］钟真，孔祥智. 产业组织模式对农产品质量安全的影响：来自奶业的例证［J］. 管理世界，2012（1）：79－92.

［105］周德翼，杨海娟. 食物质量安全管理中的信息不对称与政府监管机制［J］. 中国农村经济，2002（6）.

［106］周应恒等. 现代食品安全与管理［M］. 北京：经济管理出版社，2008.